Anselm Grün

Jesus – Weg zur Freiheit
Das Evangelium des Markus

Anselm Grün

Jesus – Weg zur Freiheit
Das Evangelium des Markus

Kreuz

Inhalt

Einleitung 7

Der Verfasser 12
Die Theologie des Markusevangeliums 13
Die Komposition des Evangeliums als Botschaft 15
Theologie des Vertrauens 19
Ein dreifacher Spannungsbogen 22

Auslegung 24

Der Anfang (1,1–15) 24
Die Heilung des Besessenen (1,21–28) 31
Die Heilung des Aussätzigen (1,40–45) 35
Die Heilung des Gelähmten (2,1–12) 38
Auseinandersetzung mit den Pharisäern (2,18–28) 41
Die Heilung des Mannes mit der verdorrten Hand (3,1–6) 45
Die Scheidung der Geister an Jesus (3,20–35) 49
Die Gleichnisrede Jesu (4,1–34) 52
Der Sturm auf dem See (4,25–41 und 6,45–52) 57
Die Heilung des Besessenen von Gerasa (5,1–20) 62
Die Heilung der Tochter des Jairus und der blutflüssigen Frau (5,21–43) 67
Die Speisung der Fünftausend (6,30–44) bzw. Viertausend (8,1–10) 71
Die heidnische Frau und ihre Tochter (7,24–30) 74
Die Heilung eines Taubstummen (7,31–37) 76
Die Heilung eines Blinden bei Betsaida (8,22–26) 80

Die drei Leidensankündigungen
(8,31–33; 9,30–32; 10,32–34) 84
Die Heilung eines besessenen Jungen (9,14–29) 90
Vom Sinn der Ehe (10,2–12) 93
Vom Sinn des Reichtums (10,17–31) 97
Vom Herrschen und Dienen (10,35–45) 101
Die Heilung des blinden Bartimäus (10,46–52) 104
Der Einzug in Jerusalem (11,1–25) 108
Das Gleichnis von den bösen Winzern (12,1–12) 114
Die Rede über die Endzeit (13,1–37) 117
Die Passionsgeschichte (14–15) 124
Die Auferstehung (16,1–8) 140

Fazit 146

Literatur 152

Einleitung

Markus hat als Erster ein Evangelium geschrieben. Damit hat er nicht nur eine ganz neue Gattung von Literatur geschaffen, sondern auch eine enorme theologische Leistung vollbracht. In der Entstehungszeit des Markusevangeliums gab es durchaus gesammelte Worte Jesu, so wie es Worte von heiligen Männern gab, die durch ihre Wundertaten die Menschen bewegten. Diese wurden aber nur mündlich weiter tradiert.

Markus jedoch geht es nicht nur um die Worte Jesu, sondern um das Geschehen. Jesus ist mehr als ein Lehrer, dessen Lehre man lernen und befolgen kann. Er ist gerade als Person mit einer ganz bestimmten Lebensgeschichte wichtig. In Jesus ist die Liebe Gottes eingebrochen in diese Welt. Das Geschehen um Jesus ist Verkündigung. Jesus hat nicht nur Worte überliefert. Er ist Menschen begegnet, er hat Kranke geheilt, er hat sich gegen die Enge der pharisäischen Lehre gewandt. Und schließlich ist er am Kreuz gestorben. Bei seinem Sterben verdunkelte sich die Sonne. Da geschah etwas, was für alle sichtbar war, was alle Umstehenden erschüttert hat.

Markus will mit seinem Evangelium und der Schilderung von Passion, Tod und Auferstehung Jesu seine Leser erschüttern. Sie sollen erkennen, dass in diesem Jesus Gott gehandelt hat, und dass er auch heute noch durch ihn an uns handelt.

Das Markusevangelium ist das ursprünglichste. Es ist auch zeitlich dem Geschehen um Jesus am nächsten. Daher begegnen wir in ihm am unverhülltesten dem historischen Jesus. Markus hat uns die Jesusüberlieferung als

Erster aufgeschrieben. Gegenüber einer Auslegungstradition, die vor allem die theologische Deutung durch Markus (die so genannte redaktionsgeschichtliche Schule) in den Mittelpunkt rückte, heben moderne Exegeten (wie etwa Rudolf Pesch) die Bedeutung des ersten Evangeliums für die historische Rückfrage nach Jesus von Nazaret heraus. Der historische Jesus leuchtet bei Markus am stärksten auf. Das Evangelium beschreibt uns die Geschichte Jesu. Allerdings wird diese Geschichte Jesu nicht einfach nur konserviert, sie wird zugleich auch gedeutet. Aber – so meint Rudolf Pesch – Markus hat sich in konservativer Weise an die ihm vorgegebene Jesusüberlieferung gehalten. Diese Nähe zur ältesten Tradition gibt dem Markusevangelium einen eigenen Reiz.

Wenn ich das Markusevangelium lese und meditiere, geht es mir nicht in erster Linie darum, der Deutung durch Markus zu begegnen, sondern dem historischen Jesus, wie er gelebt und gelitten hat, wie er den Menschen begegnet ist und wie er sie angesprochen hat. Natürlich weiß ich, dass ich diesen Jesus auch im ersten Evangelium durch die »Brille« des Markus sehe. Denn was er an Überlieferungsstoff ausgewählt hat und wie er damit umgegangen ist, das sind seine theologische Leistung und seine Interpretation des Jesusgeschehens. Ich erlebe in seinem Evangelium Jesus so, wie Markus ihn verstanden hat. Aber ich vertraue darauf, dass Markus das Geheimnis Jesu richtig erfasst hat, und dass er mit seiner Deutung auch mir etwas zu sagen hat.

Eduard Schweizer meint, Markus habe mit seinem Evangelium auf Gefahren geantwortet, in die die christlichen Gemeinden um das Jahr 65 geraten waren. In den paulinischen Gemeinden standen Tod und Auferstehung Jesu so im Mittelpunkt, dass sein irdisches Leben an Bedeutung verlor. In den enthusiastischen Kreisen der Vielvölkerstadt Korinth war der irdische Jesus hinter dem himmlischen verschwunden. Die Gefahr bestand, dass man den Einbruch himmlischer Macht und himmlischen Lebens auch mit einem griechischen oder römischen Gott in Verbindung bringen konnte. Es war nicht mehr klar, warum Gottes Liebe ausgerechnet in Jesus Christus in diese Welt eingebrochen ist. Das Kreuz wurde nur noch zu einer »Chiffre für die Gnade Gottes und den Durchbruch durch die Gesetzlichkeit zur Freiheit der Rechtfertigung« (Schweizer, 221). Markus dagegen macht das Heil am irdischen Jesus fest. Dieser Jesus, der während seines Lebens in seinen Wundertaten Gottes Kraft den Menschen erwiesen hat, hat auch die Fessel des Todes gesprengt. Wir verstehen das Heil, das durch Jesus gekommen ist, nur dann, wenn wir sein ganzes Leben und Wirken in den Blick nehmen. Jesus hat nicht nur eine neue Lehre gebracht oder uns die Augen geöffnet für Gottes Kraft. Er ist vielmehr Gottes Sohn, in dem uns die heilende Kraft Gottes auch heute noch genauso berührt und aufrichtet wie damals, als Jesus noch auf Erden weilte und durch die Straßen Galiläas zog.

Markus wollte darüber hinaus einer zweiten Gefahr – so Eduard Schweizer – entgegenwirken: Es gab in den hellenistischen Gemeinden so genannte »göttliche Menschen« (theioi aneres), »Wundertäter, die durch die griechischen, kleinasiatischen, syrischen Städte zogen und die Begeisterung der Menge durch allerlei, teils durch Magiertricks, teils durch den Einfluss ihrer Persönlichkeit und ihres Rufs bewirkte Wundertaten weckten; in ihnen sah man eine Art von Inkarnation göttlicher Kräfte und erzählte erstaunliche Dinge über sie« (Schweizer, 221). So ähnlich mögen manche Christen in den griechischen Gemeinden auch Jesus verstanden haben. Dagegen setzt Markus das irdische Leben Jesu, das durch die Niederungen des Alltags und schließlich durch die Niederlage der Passion hindurch schreitet. Indem Markus die konkrete Geschichte

Jesu erzählt, bringt er zum Ausdruck, was Johannes dann in den geheimnisvollen Satz kleidete: »Und das Wort ist Fleisch geworden und hat unter uns gewohnt.«

Markus hat von allen Evangelisten die meisten Heilungsgeschichten berichtet. Er hat damit vermutlich eine Antwort gegeben auf die vielen Wundergeschichten, die von den »göttlichen Menschen« erzählt wurden. Doch er erzählt diese Heilungen eingebettet in das Wirken Jesu in Galiläa, das sich von der Verkündigung über viele Auseinandersetzungen mit den Pharisäern und Schriftgelehrten bis hin zur Belehrung der Jünger erstreckte. Markus erzählt die Heilungsgeschichten am ausführlichsten von allen Evangelisten. In der Art und Weise, wie Jesus auf die Kranken eingeht, lässt sich seine Therapiemethode erahnen. Aber Markus erzählt diese Heilungsgeschichten nicht, um uns zu zeigen, dass Jesus die »göttlichen Menschen« seiner Zeit übertroffen hat, sondern um uns zu verkünden: »Dieser Jesus, der damals Kranke heilte, vermag auch dich heute zu heilen. Denn er ist jetzt der bei Gott erhöhte Herr, der in göttlicher Vollmacht heute deine Wunden heilen möchte.«

Markus zeigt Jesus als den Sohn Gottes, der mit Vollmacht eine neue Lehre verkündigt und kraftvolle Wundertaten (dynameis) vollbringt. Doch in der Passion ist Jesus der ohnmächtige Mensch, der den Sündern preisgegeben wird. Beides gehört für Markus zusammen: die Kraft, mit der Jesus gegen die Gegner kämpft und die Kranken heilt, und die Ohnmacht, mit der er am Kreuz stirbt. Gerade in der Ohnmacht Jesu am Kreuz wird die todüberwindende Macht Gottes sichtbar. Jesus wird der Macht der Dämonen preisgegeben. Aber in der Ohnmacht der Liebe siegt er über die Dämonen.

Das ganze Markusevangelium ist durchzogen von der Auseinandersetzung Jesu mit den Dämonen. Das erscheint uns heutigen Lesern fremd. Doch gerade in einer Zeit, in der immer mehr Menschen an psychischen Problemen leiden, ist die Auseinandersetzung Jesu mit den Dämonen hochaktuell. Es geht darum, den Menschen der zerstörerischen Macht böser Mächte zu entreißen. Der Mensch ist heute in eine Welt gestellt, die vom Bösen bestimmt wird. Das zeigt nicht nur die Zunahme der Gewalt und des Terrors. Viele sind auch fasziniert von der Macht des Bösen. Es sind oft genug verletzte Menschen, die wiederum andere verletzen. Es sind Menschen, deren Würde man in ihrer Kindheit mit Füßen getreten hat, und die deshalb nun andere unterdrücken und zerfleischen. Sie fühlen sich nur am Leben, wenn sie andere zu Tode quälen. Andere werden böse, weil sie jahrelang all die Kränkungen und Erniedrigungen geschluckt haben.

Zu diesen Menschen geht Jesus. Er hat keine Berührungsängste. Er geht auf sie zu und richtet sie auf. Er gibt ihnen Mut, zu sich zu stehen. Er nimmt sie an in ihrer Zerrissenheit und schenkt ihnen ihre Würde wieder. Ich begegne im Markusevangelium einem Jesus, der für den Menschen kämpft, der sich in die Auseinandersetzung mit den Dämonen wagt, der das Vertrauen gegen die Angst setzt und die Hoffnung gegen die Verzweiflung.

Doch dieser Jesus, der mit Vollmacht gegen die Macht der Dämonen kämpft, ist in der Passion ohnmächtig ihrer Macht ausgeliefert. Markus verbindet die Vollmacht und Ohnmacht Jesu durch das so genannte Messiasgeheimnis. Jesus gebietet seinen Jüngern und den Kranken, die er geheilt hat, über seine Machttaten zu schweigen. Es darf niemand wissen, wer dieser Jesus wirklich ist. Erst im Tod und in der Auferstehung wird sichtbar, dass Jesus der Messias, mit dem ihn schon zu seinen Lebzeiten viele identifizierten, war. Dies spiegelt ein anderes Messiasbild als das der politischen Befreiung. Der Messias wird erst in der Erhöhung Jesu durch die Auferstehung in seinem wahren Wesen erkannt.

Der Verfasser

Als Verfasser des Markusevangeliums gilt seit der frühen Kirche Johannes Markus. Markus ist ein römischer Beiname zu Johannes. Das deutet darauf hin, dass Markus »einer Familie zugehört, die von Freigelassenen (libertini) abstammt, oder dass er selbst ein solcher ist« (Grundmann, 20). Die altkirchliche Tradition verbindet Markus mit dem Apostel Petrus. Papias nennt Markus um das Jahr 130 den Dolmetscher des Petrus. Er »schrieb alles, dessen er sich erinnerte, genau auf, jedoch nicht der Reihenfolge nach, und zwar sowohl Worte wie Taten des Herrn« (Grundmann, 22). Das griechische Wort für Dolmetscher (hermeneutes) kann man auch anders übersetzen: Deuter, Interpret. Markus übersetzt die Predigten des Petrus so, dass die Griechen sie verstehen können. Er schreibt für Heidenchristen. So hat er eine wichtige Mittlerfunktion übernommen: Er erklärt die Worte und Taten Jesu für die »Heiden«, also jene, die nicht zum jüdischen Kulturkreis gehörten, in dem Jesus gewirkt hatte. Markus wendet sich an hellenistische Gemeinden. Sie waren damals geprägt von verschiedenen Religionen und spirituellen Strömungen, von persischen Mysterienkulten, von der Gnosis und von griechischen und römischen Gottesvorstellungen. Weil die jüdischen Bräuche in den hellenistischen Gemeinden unbekannt und oft unverständlich waren, erklärt sie Markus für seine Leser. Das Griechisch, das Markus schreibt, trägt deutlich semitische Züge. So war Markus vermutlich hellenistischer Judenchrist. Auffallend ist, dass er oft auch lateinische Ausdrücke verwendet. Das spricht dafür, dass er das Evangelium in Rom geschrieben hat oder zumindest in römischem Umfeld. Zudem hat er wenig Kenntnis der Geographie Palästinas, was in seinen Randbemerkungen sichtbar wird.

Als Zeit der Abfassung des Evangeliums wird meist das

Jahr 65 genannt. Das Evangelium ist vor der Zerstörung Jerusalems geschrieben, allerdings in einer Situation, die schon vom drohenden Krieg geprägt ist. Gnilka dagegen meint, dass das Evangelium erst kurz nach der Zerstörung Jerusalems, also kurz nach 70, geschrieben worden ist. Ob Markus vor dem jüdischen Krieg, während des Krieges oder nach dem Krieg geschrieben hat, hängt von der Deutung des 13. Kapitels ab, in dem Jesus von der Zerstörung des Tempels spricht. Die Ausleger sind sich nicht einig, auf welche Situation sich die markinische Schilderung der Endzeit bezieht: auf die Wirren des Jahres 40/41, in denen Kaiser Caligula versuchte, sein Standbild im Tempel aufzustellen, auf den Beginn des jüdischen Krieges, als die christliche Urgemeinde aus Jerusalem nach Pella floh, oder aber auf die tatsächliche Verwüstung Jerusalems im Jahre 70. Aber die Frage, wann das Evangelium genau entstanden ist, ist für seine Botschaft letztlich von geringerer Bedeutung.

Die Theologie des Markusevangeliums

Der Text des Markus ist der älteste der vier Evangelientexte. Matthäus und Lukas benutzen die Erzählung des Markus. Aus der Art und Weise, wie Matthäus und Lukas Markus folgen und wie sie seine Texte verändern, können wir ihre Redaktionsarbeit und ihre je eigene Theologie erkennen.

Bei Markus fällt es uns schwerer zu unterscheiden, an welchen Stellen im Text er einfach nur überliefert und wo er dagegen dem überlieferten Gut seinen persönlichen Stempel aufdrückt. So ist es nicht leicht, die Theologie zu erkennen, die dem Markusevangelium zu Grunde liegt. Daher hat es in den letzten Jahrzehnten sehr viele Versuche gegeben, die Theologie des Markus zu beschreiben.

Johannes Schreiber spricht von einer Theologie des Vertrauens. Ernst Käsemann ist es wichtig, dass Markus die geschichtliche Dimension der christlichen Offenbarung verteidigt. Amerikanische Exegeten meinen, die Theologie des Markus bestünde darin, Christen, die sich allein auf die Wundertaten Jesu berufen, seine Kreuzestheologie entgegen zu setzen.

Alle diese Versuche, die Theologie des Markus zu beschreiben, haben eine gewisse Berechtigung. Doch genau werden wir wohl nie erkennen, inwieweit Markus das Bild Jesu möglichst getreu wiedergegeben und inwieweit er das Vorgegebene durch eine eigene theologische Sichtweise gedeutet hat. Für mich ist beim Lesen des Markusevangeliums entscheidend, dass ich Jesus Christus begegne, dem Therapeuten und Arzt, dem Lehrer, der richtig von Gott redet, dem Menschen, der im Auftrag Gottes die Menschen aus der Macht der Dämonen befreit und der seinen Sieg über die Dämonen mit seinem eigenen Leben bezahlt.

In den letzten vierzig Jahren haben viele Exegeten enorme Anstrengungen unternommen, die Vorgaben des Markus von seinen Zusätzen zu scheiden. Sie wollten damit die Theologie der vormarkinischen Überlieferung herausschälen und zugleich Markus als einen Theologen erkennen, der die Überlieferung in seinem Sinn deutet. Doch der Ertrag dieser Analysen bleibt gering. Die Exegeten sind sich nicht einig, wo die Grenzen zwischen Überlieferung und Interpretation durch Markus genau liegen. Ich möchte mich daher auf diese Diskussion nicht einlassen.

Wenn wir das Markusevangelium als Einheit nehmen, so wie sie uns überliefert ist, werden wir entdecken, wie kunstvoll Markus seinen Text aufgebaut hat. In den vielen Entsprechungen und im logischen Handlungsablauf werden wir seine Theologie erkennen. Der holländische

Exeget Bas van Iersel geht davon aus, dass das Markusevangelium uns als ein in sich durchkomponiertes Buch überliefert ist. Unsere Aufgabe ist es, das Buch, so wie es ist, zu lesen und in seinem Aufbau und seiner inneren Logik zu verstehen. Wenn man mit den Mitteln heutiger Literaturwissenschaft an diesen Text herangeht, erkennt man, wie Markus den Leser an die Hand nimmt, um ihn mehr und mehr einzuweisen in das Geheimnis Jesu Christi.

Die Komposition des Evangeliums als Botschaft

Iersel entfaltet die Theologie des Markus, indem er den kunstvollen Aufbau des Evangeliums beschreibt und meditiert. Er erkennt dabei eine konzentrische Konstruktion, die er »Sandwich-Konstruktion« nennt. Diese findet man nicht nur im Gesamtaufbau des Evangeliums, sondern auch innerhalb der einzelnen Kapitel. Iersel entdeckt sieben solcher Konstruktionen, »bei der zwei Erzählungen so ineinander geschoben sind, dass die eine Erzählung die andere umrahmt« (Iersel, 296). In dieser Art, Texte ineinander zu schachteln, lässt sich die theologische Absicht des Markus erkennen.

Ein Beispiel: Zwischen die Erzählung von den beiden Besuchen der Verwandten Jesu setzt Markus die Auseinandersetzung Jesu mit den Schriftgelehrten, in der sie ihm vorwerfen, er sei vom Dämon besessen und würde in der Kraft der Dämonen Kranke heilen (3,20–35). Jesus entgegnet: »Wenn eine Familie in sich gespalten ist, kann sie keinen Bestand haben.« (3,26) So wird deutlich, dass Markus das Thema der Familie auf verschiedenen Ebenen behandelt: Einerseits spricht er von seiner konkreten Familie, die sich gegen ihn wendet, andererseits von der Familie der Gemeinde, die in Gefahr ist, sich zu spalten, wenn sie sich von der Macht der Dämonen bestimmen lässt. In dieser so genannten Sandwich-Konstruktion steckt immer im Mittelteil die entscheidende Aussage. Markus will also die Gemeinde davor warnen, Dämonen, trüben Geistern, Aber-Geistern in sich Raum zu geben.

Iersel unterscheidet fünf Hauptabschnitte im Evangelium des Markus, wobei sich der erste und der letzte und der zweite und der vierte entsprechen. Das Evangelium beginnt mit einer Erzählung, deren Ort des Geschehens die Wüste ist (1,2–13), und endet mit der Erzählung vom Grab (15,44–16,9). Wüste und Grab sind beides Orte der Dunkelheit und der Dämonen. Das zeigt Markus anhand der Heilung des Besessenen von Gerasa, der in Grabhöhlen haust. Wüste und Grab sind also von den Mächten der Finsternis bestimmt. In diese Bereiche tritt Jesus ein und besiegt durch seine Botschaft, durch seine Krafttaten und durch Tod und Auferstehung die Macht der Dämonen. In der Wüste tritt Johannes der Täufer als Bote auf, der das Reich Gottes verkündet. Im Grab spricht ein Engel in leuchtenden Gewändern die zentrale Botschaft des Evangeliums aus: »Er ist auferstanden.« (16,6) Dort, wo der Tod herrscht, in der Wüste wie im Grab, erwächst durch Jesu Botschaft und durch seine Passion und Auferstehung neues Leben.

Die beiden Hauptabschnitte des Evangeliums bilden das Wirken Jesu in Galiläa (1,16–8,21) und sein Schicksal in Jerusalem (11,1–15,39). Galiläa ist das Land, in dem Jesus seine Lehre verkündet und Kranke heilt. Hier ist er anerkannt und sammelt seine Jünger um sich. Jerusalem dagegen ist die Stadt, die den Schriftgelehrten und Hohenpriestern gehört. In ihr wirkt Jesus keine Wunder. Hier wird er abgelehnt und schließlich getötet. Während er in Galiläa den Menschen Gutes tut, erfährt er durch die Menschen in Jerusalem viel Böses. Galiläa ist für Jesus das Land des Erfolges, des Aufstiegs und des Lebens, das er überall weckt. Jerusalem dagegen ist die Stadt des Misserfolgs, des Untergangs und des Todes.

Zwischen Galiläa und Jerusalem beschreibt die Mitte des Evangeliums Jesus als einen Wanderer auf dem Weg (8,27–10,45). Jesus macht sich mit seinen Jüngern auf den Weg nach Jerusalem. Hier kündet er den Männern und Frauen, die ihm nachfolgen, dreimal seinen gewaltsamen Tod an, den er in Jerusalem erleiden wird. Und jedes Mal erzählt er auch von seiner Auferstehung am dritten Tag. Auf dem Weg vermeidet Jesus den Kontakt mit den Menschen. Er spricht allein zu den Jüngern, und zwar offen und klar.

Während im Abschnitt über das Wirken Jesu in Galiläa 40 Mal das Wort »euthys« (= »sogleich«) vorkommt, wird es im dritten und vierten Teil, jenen, in denen Jesus auf dem Weg ist, nur noch 10 Mal verwendet. Das Wirken Jesu geschieht zunächst eilends. Ein Ereignis löst das andere ab. Später, auf dem Weg, braucht es Zeit, damit Jesus die Jünger belehren kann. Und auch die Jünger brauchen Zeit, um zu verstehen, wer dieser Jesus ist.

Zwischen dem Wirken Jesu in Galiläa und seinem Schicksal in Jerusalem stehen zwei Blindenheilungen (8,22–26 und 10,46–52). Sie bilden jeweils den Übergang zum nächsten Abschnitt. Die erste Blindenheilung bezieht sich auf die Blindheit der Jünger, denn unmittelbar vor der Heilung des Blinden erzählt uns Markus, wie die Jünger mit Jesus im Boot fahren und nicht verstehen, was er zu ihnen sagt. Jesus wirft ihnen vor: »Habt ihr denn keine Augen, um zu sehen?« (8,18) Die Jünger sind genauso blind wie die Pharisäer. Jesus heilt den Blinden in zwei Schritten. Die beiden folgenden Etappen, der Weg nach Jerusalem und das Schicksal Jesu in Jerusalem, entsprechen diesen beiden Phasen der Blindenheilung. Doch die Jünger werden weder auf dem Weg noch in Jerusalem sehend. Der einzige Jünger, der sehenden Auges Jesus nachfolgt, ist der blinde Bettler Bartimäus. Als Jesus ihn heilt, heißt es von ihm: »Im gleichen Augenblick konnte er wieder sehen, und er folgte Jesus auf seinem Weg.« (10,52) So wird Bartimäus für die Leser zur Einladung, mit offenen Augen Jesus auf dem Weg nach Jerusalem zu folgen und das Geheimnis von Tod und Auferstehung zu betrachten. Das Evangelium schließt mit der Aufforderung an die Leser, Jesus in Galiläa zu sehen (16,7). Nur wenn die Jünger bereit sind, wie Bartimäus Jesus auf seinem Weg nachzufolgen, können sie ihn sehen.

Iersel sieht in der konzentrischen Komposition des Markusevangeliums eine bewusste Theologie. In der Mitte des Evangeliums mit seinen fünf Abschnitten steht der Weg Jesu. Wenn der Leser das Evangelium zu Ende gelesen hat, wird er eingeladen, den Weg Jesu nachzugehen. Nur wenn er, wie Bartimäus, sehend den Weg Jesu geht und auch vor den Gefahren und Widerständen, vor Verfolgung und Unverständnis durch seine Umgebung nicht zurückschreckt, wird er Jesus verstehen. Wahrer Glaube erfordert, »dass der Weg Jesu noch einmal gegangen wird. Wenn dies die eigentliche Intention des Buches ist, kann man sagen, dass das Mittelstück der wichtigste Abschnitt ist und die zentrale Botschaft enthält« (Iersel 300).

Markus schreibt sein Evangelium also nicht für Theologen, die über den Sinn der Botschaft Jesu nachgrübeln, sondern für Menschen, die bereit sind, sich auf den Weg zu machen und Jesus nachzufolgen. Und er schreibt es für Jünger und Jüngerinnen, die dem Kreuz nicht ausweichen, weil sie daran glauben, dass Jesus in seinem Tod am Kreuz die Macht der Dämonen besiegt und den Menschen einen Weg die in Freiheit ermöglicht hat. Man kann das Markusevangelium also nicht am Schreibtisch studieren. Man muss bereit sein, sich auf den Weg zu machen. Nur wenn ich in Bewegung bleibe, erahne ich das Geheimnis von Jesu Weg, der ihn von Galiläa, dem Land seines erfolgreichen Wirkens, nach Jerusalem führt, in die Stadt, in der er von seinen Gegnern ans Kreuz geschlagen wird.

Das ist ein Bild für unser Leben. Wir möchten lieber in Galiläa bleiben, dort, wo uns alles gelingt. Aber auch unser Weg führt nach Jerusalem, an den Ort unseres Todes. Und auf diesem Weg werden wir Misserfolg erleben, Ablehnung, Scheitern. Unser Weg wird unfehlbar im Tod enden. Doch gerade darin besteht die Frohe Botschaft des Markusevangeliums, dass wir nicht im Tod bleiben werden. Auch in unserem Grab verkündet ein weiß gekleideter Engel, dass wir auferstanden sind.

Theologie des Vertrauens

Johannes Schreiber hat seine Studie zum Markusevangelium »Theologie des Vertrauens« genannt. Auch wenn ich seinen Analysen über die Überlieferung und Redaktion durch Markus nicht folge, so finde ich doch dieses Grundthema im Evangelium bestätigt. Markus beschreibt Jesus von Nazaret, wie er aus dem Vertrauen in den nahen Gott seinen eigenen inneren Impulsen traut, wie er einfach sagt, was in ihm ist, wie er das tut, wozu ihn Gottes Stimme treibt, und wie er das Vertrauen auf Gott gerade in der Auseinandersetzung mit seinen Gegnern durchhält. Allein gegen die vielen Schriftgelehrten und Pharisäer stehend, hält er fest an dem, was er von Gott her erfahren hat. Und er fällt auch aus diesem Vertrauen nicht heraus, als er von den Gegnern gefangen genommen, verurteilt, gegeißelt, verspottet und getötet wird. Ja gerade in seinem Tod am Kreuz kommt sein Vertrauen zur Vollendung.

Schreiber sieht seine Theologie des Vertrauens vor allem im Verständnis des Kreuzestodes Jesu durch Markus begründet. Für ihn ist die Theologie des Kreuzes zugleich eine Theologie des Vertrauens. Markus hat sein ganzes Evangelium auf das Kreuz hin ausgerichtet. Daher hat man einmal das Markusevangelium eine Passionsgeschichte mit ausführlicher Einleitung genannt. Das Kreuz ragt in viele Erzählungen hinein. Schon als Jesus den Mann mit der verdorrten Hand heilt, beschließen die Pharisäer und Herodianer den Tod Jesu (3,6). Jesus heilt während seines Wirkens in Galiläa Juden wie Heiden. Sein Tod am Kreuz ist das größte Wunder, »auf das hin das ganze Markusevangelium angelegt ist« (Schreiber, 234). Dieses Wunder »geschieht für die gottverlassenen Heiden«. Als Erstes wird das Wunder des Todes Jesu vom heidnischen Hauptmann verstanden. Von ihm heißt es, dass er den Todesschrei Jesu nicht hörte, sondern sah. Zum Glauben gehört das Sehen, das tiefere Sehen. Wenn ich im schmachvollen Tod Jesu am Kreuz und in seinem Todesschrei sein unbedingtes Gottvertrauen sehe, dann, so glaube ich, habe ich die Botschaft des Markusevangeliums verstanden.

Im Tod am Kreuz wird das bedingungslose Vertrauen Jesu in Gottes Liebe sichtbar. Zugleich vollendet sich darin die Liebe Jesu, mit der er sich für die Menschen eingesetzt, ihre Krankheiten geheilt und für ihre Befreiung von der Macht der Dämonen gekämpft hat. Markus beschreibt die Liebe Jesu, die in der Ohnmacht des Todes über die Macht der Dämonen siegt, in paradoxen Bildern: »Diese dem Leben des Nächsten dienende Liebe lebt davon, dass sie stirbt; sterbend überwindet sie den Tod, insofern aus Jesu Tod neues Leben in Liebe sieghaft, zum letzten Opfer bereit, hervorbricht.« (ebd., 232) Weil die Liebe Gottes in Jesus unter dem Schleier der Ohnmacht und der Niederlage erscheint, ist es für die Jünger so schwer, daran zu glauben. Sie tun dies bis zuletzt nicht. Der Leser wird eingeladen, im Tod Jesu seinen Sieg über die Macht der Finsternis zu sehen, den Sieg der Liebe über den Hass, den Sieg des Vertrauens über alle Angst. Jesus selbst ist für Markus der eigentlich Glaubende. »Er hält in aller Anfechtung den Glauben durch und vertraut dem Vater bedingungslos.« (ebd., 240) Er stirbt »mit dem Ausdruck des unbedingten Gottvertrauens in aller Gottverlassenheit (15,34)«. (ebd., 242) Indem der Leser das Sterben Jesu betrachtet, der sich noch im Angesicht des Todes an Gott wendet, wird er eingeladen, mit Jesus darauf zu vertrauen, dass Gott alle Angst und Not überwindet, dass es nichts mehr gibt, das uns von Gott zu trennen vermag.

Mit dieser Theologie des Vertrauens spricht Markus gerade den heutigen Menschen an, der von vielen Ängsten geplagt wird. Angst ist ein Grundthema unserer Zeit. Markus beruhigt unsere Angst nicht, indem er uns billigen Trost zuspricht, sondern indem er das ganze Ausmaß der Angst und Verlassenheit, der Ablehnung und des Scheiterns beschreibt und gerade am Kreuz, dem Ort der größten Verlassenheit und Ohnmacht, den Sieg der Liebe aufleuchten lässt. Mit seiner Kreuzestheologie gibt Markus eine Antwort auf die wohl größte Not des heutigen Menschen, auf seine Angst vor Scheitern, vor Krankheit, vor Einsamkeit und Hilflosigkeit, letztlich auf seine Angst vor dem Sterben. Markus lädt uns ein, nicht nur im Kreuz den Sieg des Vertrauens über die Angst zu sehen, sondern auch den Weg Jesu in die Einsamkeit und Ohnmacht mitzugehen. Indem wir bereit sind, Jesus auf seinem Weg zum Kreuz zu folgen, werden wir verstehen, dass die Liebe auch durch den Tod nicht besiegt werden kann, sondern dass sie sich gerade in der Ohnmacht als mächtig erweist.

Ein dreifacher Spannungsbogen

Rudolf Pesch sieht die theologische Leistung des Markus in der übergreifenden Komposition, mit der er den Traditionsstoff ordnet. Dabei erkennt er einen dreifachen Spannungsbogen. Der erste betrifft den Weg Jesu. Er beginnt damit, dass Johannes der Täufer den Weg bereitet, und endet damit, dass der Auferstandene den Jüngern nach Galiläa vorangeht. Der Weg Jesu umfasst sein Wirken und dann schließlich sein Zugehen auf den Tod am Kreuz. Der Weg wird zum Vorbild für den Weg der Jünger, den Weg der Nachfolge.

Den zweiten Spannungsbogen nennt Pesch den missionarischen Bogen. Er schildert die Reaktion der Menschen auf das Wirken Jesu. Zunächst bewundern die Menschen seine Wundertaten. Aber auch über seine Predigt in Vollmacht sind sie erstaunt. Alle Bekenntnisse während des Wirkens Jesu unterliegen dem Schweigegebot. Sein Geheimnis soll während seines Lebens gewahrt bleiben, damit es nicht missverstanden wird. Der missionarische Spannungsbogen löst sich »im Bekenntnis des Hauptmanns nach Jesu Tod« (Pesch, 60). Und er mündet ein in die christliche Gemeinde, die das gültige Bekenntnis zu Jesus bewahrt und immer wieder neu verkündet. Pesch folgert daraus: »Das ganze Buch des Markus ist Missionsbuch.« (ebd., 61)

Der dritte Spannungsbogen »umfasst die fortschreitende himmlische Offenbarung der Würde Jesu bei Taufe (1,11), Verklärung (9,7) und Tod (15,33;38; 16,6 f.) Jesu« (ebd., 61). Am Anfang, in der Mitte und am Ende des Evangeliums wird Jesus jeweils von Gott bestätigt als der wahre Sohn Gottes, als der, in dem Gottes Herrlichkeit aufleuchtet und der Licht bringt in die Dunkelheit dieser Welt. Das Evangelium möchte die göttliche Würde Jesu allen Völkern verkünden.

Man könnte noch andere Spannungsbögen im Markusevangelium ausmachen. Je länger ich mich mit dem Text beschäftigte, desto mehr bewunderte ich die Kompositionstechnik. Gerade auch die Sandwich-Methode zeigte mir, wie Markus die verschiedenen Themen zusammen sieht, wie er den ihm vorliegenden Überlieferungen seinen persönlichen Stempel aufdrückt. Dabei ist es aber nicht notwendig, genau zwischen dem Vorgegebenen und der Verarbeitung zu unterscheiden. Das Evangelium ist so, wie es uns überliefert ist, ein Kunstwerk, das uns einladen will, Jesus als den Wundertäter zu bestaunen, uns in unserer Angst in seine Vertrauen stiftende Nähe zu begeben, Jesus als den Sohn Gottes zu bekennen und dem Gekreuzigten und Auferstanden auf dem Weg nachzufolgen, den er uns vorausgegangen ist.

Auslegung

Der Anfang (1,1–15)

Markus beginnt sein Evangelium mit dem bedeutungsschweren Wort »arche« (= »Anfang«). Er erinnert damit an den Anfang der Schöpfung. In Jesus setzt Gott einen neuen Anfang. Da schafft er den Menschen neu und wirkt von neuem sein Heil. Arche heißt aber auch Grundlage. Die Grundlage des Evangeliums ist die Geschichte Jesu von der Johannestaufe bis zu seinem Tod. »Anfang des Evangeliums von Jesus Christus, dem Sohn Gottes.« (1,1) Es ist eine frohe Botschaft, die Markus verkünden will, eine Botschaft, die den Menschen Freude bringt. Markus hat als Erster ein ganzes Buch »Evangelium« genannt. Evangelium heißt sonst einfach: Frohe Botschaft. Im Alten Testament sind es meistens Engel, Boten Gottes, die den Menschen etwas Frohmachendes verkünden. Sie treten als Freudenboten auf, die den Sieg Gottes über die Feinde verkünden. Im römischen Reich wurden die Erlasse des Kaisers Evangelium genannt. Wenn der Kaiser Anordnungen traf, dann wurden sie als frohe Botschaft dem Reich verkündet. Sie verhießen für die Menschen Glück und Heil. Markus verkündet die Frohe Botschaft, dass Gott in Jesus ein neues Reich bringt, das Reich, in dem Gott herrscht und in dem die Menschen Gottes Nähe als Heil und Glück erfahren.

Das Evangelium des Markus handelt von Jesus Christus. Markus nennt hier bewusst den feierlichen Doppelnamen. Er galt schon in der frühen Kirche als heiliger Name. Jesus Christus wird bereits zu Beginn als Sohn

Gottes tituliert. Am Ende des Evangeliums wird der römische Hauptmann diese Auszeichnung Jesu wiederholen und wird damit das ganze Evangelium zusammenfassen. »Sohn Gottes« hat bei Markus noch nicht die Bedeutung des präexistenten Sohnes des dreifaltigen Gottes, der in Jesus Mensch wird. Im Judentum wurde der König »Sohn Gottes« genannt, ebenso der Messias und das Volk Israel. Auch der Lehrer der Weisheit galt bei den Juden als Sohn Gottes. Sohn Gottes bedeutet im Judentum keine wesensmäßige Gleichheit mit Gott, sondern Zugehörigkeit zu Gott. Jesus ist Gott in besonderer Weise zugehörig, ihm besonders nahe, von seinem Geist erfüllt. Die Griechen verbanden mit dem Begriff »Sohn Gottes« eher die Zeugung durch Gott. Zeus hat zahlreiche Söhne und Töchter gezeugt. Und die damals überall auftretenden »theoi aneres« (= »göttliche Männer«) wurden oft als Söhne Gottes bezeichnet. In ihnen war ein göttlicher Funke. Sie stammten letztlich von Gott. Die stoische Philosophie vertrat die Meinung, dass »der Mensch auf Grund seiner Vernunft ein Abkömmling Gottes sei und göttlichen Samen in sich trage« (Gnilka, 60). Doch Markus leitet den von ihm so geschätzten Titel »Sohn Gottes« vermutlich mehr aus der jüdischen Tradition her. Allerdings schreibt er sein Evangelium für Heidenchristen, also für griechisch gebildete Christen, die mit diesem Titel sicher auch die Bedeutung verbinden, die er in der griechischen Mythologie und Philosophie hatte.

Den Anfang des Evangeliums beherrscht Johannes der Täufer. Er ist die Stimme, die in der Wüste erschallt und die Menschen aufruft, dem Herrn den Weg zu bereiten. Markus zitiert hier Jesaja, und zwar in der griechischen Übersetzung der Septuaginta. Der Prophet hatte mit dem »Herrn« sicher Gott im Blick. Für Markus ist Jesus der Herr. Johannes bereitet Jesus als dem wahren Herrn dieser Welt den Weg. Und er ruft die Menschen auf, in ihrem

Herzen die Straßen zu ebnen, damit Jesus Christus in ihr Herz einziehen und es mit seinem Geist erfüllen kann. Dann schildert Markus Johannes als strengen Asketen, der wie die damaligen Beduinen ein Gewand aus Kamelhaaren trägt und sich von Heuschrecken und wildem Honig ernährt. Seine Umkehrpredigt übergeht Markus. Er lässt ihn nur auf Jesus hinweisen, der nach ihm kommt, aber in Wirklichkeit stärker ist als er. Er wird die Menschen mit dem Heiligen Geist taufen. Die Taufe des Johannes war eine Umkehrtaufe. Sie war ein Ritual, in dem die Menschen zum Ausdruck brachten, dass sie ihre Vergangenheit abstreifen und abwaschen möchten, um von Neuem die Gebote Gottes zu halten. Taufe ohne Umkehr war wirkungslos. Die Taufe Jesu hat eine andere Dimension. In ihr wird der Mensch mit Heiligem Geist erfüllt, der ihn befähigt, ein neues Verhalten an den Tag zu legen.

Den Beginn des öffentlichen Auftretens Jesu markiert die Taufe durch Johannes. Markus sagt von Jesus nur, dass er aus Nazaret in Galiläa kommt, um sich von Johannes taufen zu lassen. Was historisch dahinter steckt, ist schwer zu sagen. Vermutlich stand Jesus den essenischen Kreisen, aus denen Johannes stammte, nahe. Und er gehörte zum engeren Kreis der Johannesjünger. Für die frühe Kirche war das ein Problem, denn dann sah es so aus, als ob Johannes über Jesus stehe, weil er ihn getauft hat. Doch die Taufe wird für Markus zur Demonstration des wahren Wesens Jesu durch Gott. Anlässlich der Taufe hatte Jesus sein persönliches Berufungserlebnis. »Als er aus dem Wasser stieg, sah er, dass der Himmel sich öffnete und der Geist wie eine Taube auf ihn herabkam. Und eine Stimme aus dem Himmel sprach: Du bist mein geliebter Sohn, an dir habe ich Gefallen gefunden.« (1,10 f.) Hier wird die besondere Berufung Jesu sichtbar und hörbar. Der Himmel spaltet sich, damit der Heilige Geist herabkommen kann. Das ist eine Ursehnsucht Israels, dass

Gott den Himmel doch endlich zerreiße, um seinen Geist zu senden und die Menschen zu retten. Der Geist schwebt wie eine Taube herab. Das heißt nicht, dass er die Gestalt einer Taube hatte, wie es viele Künstler später darstellten. Vielmehr bezieht sich Markus hier auf das Schweben des Geistes über den Wassern bei der Schöpfung der Welt. Gott schafft die Welt in Jesus neu. Da beginnt ein neuer Anfang. Der Mensch kommt in die Gestalt, die Gott sich ursprünglich von ihm gemacht hat. Er war als Ebenbild Gottes geschaffen. Dieses Ebenbild wird in der Taufe Jesu für uns alle sichtbar. Jesus ist der Mensch, wie Gott ihn ursprünglich geschaffen hat, der Liebling Gottes. Er hat das Wohlwollen Gottes nicht verspielt wie Adam, der sich in der Sünde von Gott abgewandt hat. Die Taube ist bei Noah eine Friedenstaube, die Versöhnung zwischen Gott und den Menschen ankündigt. Bei den Griechen ist die Taube der Göttin Aphrodite heilig. Sie symbolisiert Gottes Liebe, die zum Menschen herabsteigt.

Jesus ist Gottes geliebter Sohn. Er hat eine zärtliche Beziehung zu Gott, seinem Vater. Und Gott hat Gefallen an ihm. Es ist ein gegenseitiges Wohlgefallen. Markus gibt uns mit der Schilderung der Taufe Jesu an, wie wir diesen Rabbi aus Nazaret sehen sollen: Er ist mit Heiligem Geist begabt, mit göttlicher Kraft erfüllt. In der Kraft dieses Geistes und unter dem Wohlwollen Gottes wirkt er sein Werk. Er wird den Menschen befreien von allen Mächten, die ihn an seinem Menschsein hindern oder es verstellen. Er wird den Menschen wieder in die ursprüngliche Gestalt bringen, die Gott am Anfang der Schöpfung dem Menschen zugedacht hat. Mit Jesus setzt Gott neu an, um das Werk seiner Schöpfung zu erneuern und den Menschen in seinem wahren Wesen wieder herzustellen und ihn zur Liebe zu befähigen, nach der sich sein Herz sehnt.

Was für Jesus gilt, das wird den Christen in der Taufe

auch vermittelt. Da öffnet sich der Himmel über uns, und wir dürfen die Stimme Gottes hören: »Du bist mein geliebter Sohn, du bist meine geliebte Tochter. An dir habe ich Gefallen. Du gefällst mir. Es ist gut, dass du da bist.«

Jesus entsteigt dem Jordan, der erfüllt schien von den Sünden all der vielen Menschen, die von Johannes getauft worden waren. Das ist ein Bild für unsere Taufe. Wir sind nicht perfekt. Wir sind voller Schuld. Aber Gott sieht nicht auf unsere Schuld. Indem wir aus dem Wasser unserer Schuld steigen, erfahren wir, dass wir von Gott bedingungslos geliebt sind. Taufe ist die Erfahrung, dass wir vor aller Leistung, vor allem Wohlverhalten von Gott geliebt sind, ohne jede Bedingung.

Jesus empfängt die Taufe nicht für sich, sondern um in der Kraft des Heiligen Geistes einen Auftrag für uns zu erfüllen. Sofort nach der Taufe heißt es bei Markus: »Danach trieb der Geist Jesus in die Wüste.« (1,12) Markus verwendet das starke Wort »ekballein«: Der Geist wirft Jesus in die Wüste hinaus. Es ist wie ein innerer Zwang. Man könnte meinen, Jesus würde die Gotteserfahrung in der Taufe erst einmal genießen. Er würde sich in der Erfahrung der bedingungslosen Liebe Gottes sonnen. Doch er muss in die Wüste, in den Raum, der von den Dämonen beherrscht wird, in den Raum des Todes. Im Bereich des Todes muss sich das Leben bewähren, das Gott seinem Sohn geschenkt hat. Der Geist drängt Jesus, alle Höhen und Tiefen des Menschseins zu durchleben. Die Taufe muss in alle Abgründe seiner Seele eindringen, und der Geist soll gerade das Dunkle und Dämonische in ihm durchdringen und verwandeln.

In der Wüste bleibt Jesus vierzig Tage, ein Bild für die vierzig Jahre, die Israel durch die Wüste geführt worden ist. Israel ist der Versuchung durch den Satan immer wieder erlegen. Jesus besteht die Versuchung. Doch worin Jesus versucht wird, das sagt uns Markus nicht. Er nutzt stattdessen zwei Bilder für den Aufenthalt Jesu in der Wüste: Er lebt bei den wilden Tieren, und Engel dienen ihm. Das zeigt die Spannung, in der Jesus steht und in der wir alle leben. Die Spannung zwischen den wilden Tieren und den Engeln, zwischen den Trieben und dem Geist, zwischen den Aggressionen und der Liebe, zwischen dem Zerstörerischen und Wilden und dem Schützenden und dem Zärtlichen der Engel. Wir sind unser Leben lang hin und her gerissen zwischen diesen beiden Polen. Jesus ist ganz Mensch, aber er ist auch in den göttlichen Bereich eingetaucht. Und das gilt in ähnlicher Weise von uns. Jesus lebt bei den wilden Tieren. Er lebt nicht in Feindschaft mit ihnen, sondern offensichtlich im paradiesischen Frieden. Das ist ein Bild, dass er all das Wilde und Aggressive in sich integriert hat. Es schadet ihm nicht mehr. Hier wird die Vision des paradiesischen Friedens, wie sie Jesaja im 11. Kapitel schildert, Wirklichkeit. Da besteht keine Feindschaft mehr zwischen Himmel und Erde, zwischen Geist und Trieb, zwischen Sexualität und Spiritualität. In den zwei kurzen Versen drückt Markus aus, welch tiefe Erfahrung Jesus in der Wüste durchgemacht hat. Er ist zum integrierten Menschen gereift. Seine Beziehung zu Gott hat alle Bereiche seines Leibes und seiner Seele, seines Bewussten und Unbewussten durchdrungen. Er ist als ganzer Mensch von Gottes Geist durchdrungen. So kann er die Botschaft Gottes verkünden, ohne sie zu verfälschen, ohne sie mit menschlichen Nebenabsichten zu trüben.

Während Jesus die wilden Tiere und die Engel an seiner Seite miteinander verband, erlebe ich heute viele Menschen, die meinen, nur durch Spiritualität könnten sie ihre Probleme lösen und ihre Verletzungen aufarbeiten. Doch sie merken gar nicht, wie die »wilden Tiere« sich in ihre Spiritualität mischen, wie ihre Spiritualität autoritär und aggressiv wird. Jesus lebt mit den wilden Tieren. Er macht sich mit ihnen vertraut. Nur so wird er fähig, die integrierende von der spaltenden Spiritualität zu unterscheiden. Er spürt sofort in den Menschen, ob sie in sich die Engel und die wilden Tiere zulassen oder ob sie den spirituellen Weg dazu benutzen, ihrer Aggression und Sexualität aus dem Weg zu gehen.

Nun beschreibt Markus die Botschaft, die Jesus verkündet. Es sind kurze Sätze: »Die Zeit ist erfüllt, das Reich Gottes ist nahe. Kehrt um, und glaubt an das Evangelium.« (1,15) Das griechische Wort für Zeit, »kairos«, meint den rechten Augenblick, das, was die Zeit ausmacht, das, was die tiefste Bedeutung von Zeit meint. Die Zeit ist erfüllt. Sie ist in ihre Fülle gelangt. Gottes Reich ist nahe. Die Nähe Gottes lässt den Menschen wahrhaft leben. Nur in der Nähe Gottes kommt der Mensch seinem wahren Wesen nahe. Und nur weil Gott nahe ist, kommt die Zeit in ihre Fülle. Die Mystiker, allen voran Meister Eckehart, haben gerne über die Fülle der Zeit gepredigt. Gott, der über aller Zeit ist, kommt in die Zeit und erfüllt sie daher. Jesus kündigt nicht das Gericht an, sondern die heilende Nähe Gottes. Doch der Mensch soll darauf reagieren, nicht mit Buße, sondern mit Umkehr. Das griechische Wort »metanoeite« heißt eigentlich: »Denkt um, ändert euer Denken. Seht hinter die Dinge, dann werdet ihr Gottes Nähe erkennen!« Jesus will den Menschen die Augen öffnen, damit sie Gott in allem erkennen. Gott ist schon da. Wir brauchen ihn nicht zu bitten, dass er kommt. Wir müssen nur die Augen aufmachen, damit wir ihn überall sehen. Im griechischen Wort »metanoeite« klingt auch die Bedeutung des hebräischen Wortes nach, das es übersetzt: umkehren, sich umwenden, eine Kehre machen, andere Wege gehen. Die Hebräer gehen davon aus, dass der Mensch oft genug verkehrte Wege geht, Wege, die nicht zum Heil führen, sondern auf Abwege und Irrwege. Von diesen soll der Mensch ablassen und sich auf den richtigen Weg machen. Oder aber er soll auf dem Weg, der ins Verderben führt, umkehren, zurückkehren zum Ursprung. Zur Umkehr muss der Glaube kommen. Es ist eine eigenartige Wendung: Glaubt im Evangelium, habt Vertrauen im Evangelium. Vielleicht könnte man es so verstehen: Wer in der frohen Botschaft wohnt, wer die Worte so hört, dass sie in ihm wohnen, in dem wächst Vertrauen. Der bekommt ein neues Stehvermögen, einen festen Stand mitten in der Unsicherheit dieser Welt. Das Evangelium ist für Markus das Evangelium Jesu Christi. So gehört zur Umkehr auch das Vertrauen in die Person Jesu. Er öffnet den Menschen die Augen. Er zeigt ihnen den Weg, der wirklich zum Leben führt. Und er schenkt ihnen einen sicheren Stand, ein unbedingtes Vertrauen in Gott, das durch keine Widerstände von Gegnern und durch keine äußeren Niederlagen erschüttert werden kann.

Die Heilung des Besessenen (1,21–28)

Die erste Heilungsgeschichte ist für Markus programmatisch. Es ist die Heilung eines Besessenen. Damit zeigt er, dass Krankheit für ihn immer auch Besessenheit bedeutet. Die Dämonen, die den Menschen beherrschen, stehen für Zwänge, für fixe Ideen, für neurotische Komplexe. Markus spricht auch von trüben Geistern. Sie trüben das Selbstbild des Menschen und sein Gottesbild. Es sind fremde Mächte, die den Menschen beherrschen. Markus charakterisiert den Besessenen als einen Mann »in einem unreinen Geist«. Er ist in der Gewalt des unreinen Geistes. Im Gegensatz zu den Jüngern, die »im Evangelium glauben«, wird hier ein Mann geschildert, der im unreinen Geist wohnt, der in der Verwirrung, in der Umnebelung, in der Verdüsterung wohnt. So ein unreiner Geist kann die Verbitterung sein, die das Denken trübt. Es kann sich aber auch um ein übertriebenes Reinheitsideal handeln, das die Augen verschließt vor allem Unreinen und gerade so den Menschen mit dem Unrat des Verdrängten erfüllt. Heilung heißt für Markus immer, dass Jesus den Menschen zu sich selbst befreit, dass er ihn aus der Macht der trüben und unreinen Geister herausreißt und ihn zu sich selbst führt, zu seinem wahren Wesen.

Schon die erste Heilungsgeschichte zeigt die »Sandwich-Konstruktion«, mit der Markus ihm wichtige Szenen beschreibt. Der Evangelist beginnt die Szene mit der Feststellung, dass Jesus in der Synagoge von Kafarnaum lehrte. Die Zuhörer erschrecken über seine Lehre. Sie werden in Schrecken oder Verwunderung versetzt, sie geraten in Ekstase, wie es im griechischen Wortlaut heißt: »Denn er lehrte sie wie einer, der Vollmacht hat, und nicht wie die Schriftgelehrten.« (1,22) Dann schildert er die Heilung des Besessenen und lässt die Szene wieder enden mit der Reaktion der Leute: »Hier wird mit Vollmacht eine ganz neue Lehre verkündet. Sogar die unreinen Geister gehorchen seinem Befehl.« (1,27) Markus drückt mit dieser konzentrischen Darstellungsweise aus, dass die Lehre Jesu nicht folgenlos ist, sondern dass Jesus gerade durch seine Lehre heilt. Indem er richtig von Gott erzählt, befreit er die Menschen zu sich selbst. Gottesbild und Selbstbild hängen eng zusammen. Indem Jesus den Menschen den heilenden und befreienden, den bejahenden und den ermutigenden Gott verkündet, befreit er die Menschen von ihren krankmachenden Gottesbildern und richtet sie auf, dass sie ganz sie selber werden.

Wenn Jesus von Gott spricht, dann haben die Menschen den Eindruck, dass da Gott wirklich gegenwärtig ist. Er sagt nicht, was er von anderen gehört hat. Vielmehr spricht er aus eigener Erfahrung. Und er spricht von Gott so, dass sich im Menschen etwas bewegt. Die Zuhörer können sich nicht bequem zurücklehnen und über die Worte Jesu nachdenken. Die Worte über Gott dringen in ihre Herzen und bringen sie in Aufruhr. Die Menschen spüren, dass Jesus als einer von Gott spricht, der Vollmacht hat. In seinen Worten wird die Macht Gottes spürbar, da wird Gott selbst gegenwärtig. Sie wissen: Ja so ist es. Das ist die Wahrheit. Das ist wirklich Gott. Das griechische Wort für Vollmacht, »exousia«, bedeutet auch die Freiheit, zu handeln und zu verfügen, wie man will. Jesus spricht mit innerer Freiheit von Gott. Da ist keine Angst im Spiel. Und das Wort bezeichnet die Gewalt, die ein Herrscher ausübt. Jesus erscheint den Zuhörern als einer, der Macht hat, der teilhat an der Herrschaft Gottes. Die Worte Jesu bewirken etwas im Menschen. Sie befreien ihn von versklavenden und krankmachenden Mächten. Wörtlich heißt »exousia«: aus dem Sein. Jesus handelt und spricht aus dem Sein heraus. Er ruht im Sein, in seinem eigenen Sein und im Sein Gottes. Seine Worte stimmen überein mit seinem Sein.

Markus schildert die Reaktion der Menschen auf das Reden Jesu von Gott am Beispiel eines Menschen, der von einem unreinen Geist besessen ist. Der unreine Geist beginnt sofort zu schreien: »Was haben wir mit dir zu tun, Jesus von Nazaret? Bist du gekommen, um uns ins Verderben zu stürzen?« Der unreine Geist steht hier für unsere unreinen, für unsere krankhaften und dämonischen Gottesbilder und für unsere Selbstbilder, die uns am Leben hindern. Wir haben oft genug in uns ein Bild von Gott, das sein wahres Wesen verstellt, etwa das Bild eines Buchhaltergottes, der alles auf Soll und Haben bucht, eines Willkürgottes, der uns ständig einen Strich durch die Rechnung macht, eines Richtergottes, der uns überall kontrolliert und beurteilt. Solche dämonischen Gottesbilder trüben auch unser Selbstbild. Wir sehen uns selbst verkehrt. Wir benützen Gott als Absicherung gegenüber allen Eventualitäten des Lebens. Wir blähen mit Gott unser eigenes Ego auf und stellen uns über die anderen. Wir möchten über Gott verfügen, ihn in unseren Dienst stellen. Menschen mit solchen Gottesbildern können sich in der Nähe Jesu nicht zurückhalten. Sie beginnen zu schreien. Der Dämon muss sich zu Wort melden. Er spürt, dass es ihm an den Kragen geht. Jesus rüttelt die Menschen wach, wenn er von Gott spricht. Es ist aufregend, wie er von Gott redet. Da werden den Zuhörern die Augen geöffnet, und sie erkennen auf einmal, wer sie selber sind, wie sie sich hinter ihren selbst gemachten Gottesbildern versteckt haben, wie sie sich ihr eigenes Selbstbild zurecht gelegt haben, das ihrem wahren Bild widerspricht.

Jesus fährt den unreinen Geist scharf an: »Schweig und verlass ihn!« Er unterscheidet zwischen der Person des Menschen und dem Dämon, der ihn bestimmt. Dem Dämon kann er nicht mit Verständnis begegnen. Ihn muss er mit Kraft vertreiben. So befiehlt er den inneren Stimmen, die diesen Menschen zerreißen, sie sollen verstummen. Diesen Stimmen kann man nicht mit Argumenten begegnen. Sie wiederholen ihre Worte gebetsmühlenartig, so dass kein Argument sie entmachten kann. Hier braucht es die Eindeutigkeit und die Kraft Jesu, um den Menschen von seinen versklavenden Stimmen zu befreien. Der unreine Geist spürt die Macht Jesu, aber er weicht nicht kampflos. Er zerrt den Mann hin und her und verlässt ihn schließlich mit lautem Geschrei. Er zeigt darin sein wahres Wesen. Er möchte den Menschen zerreißen, und er ist voller Lärm. Er hindert den Menschen daran, in der Stille zu sich zu finden. Zugleich zeigt die Reaktion des Dämons die Vollmacht Jesu an. Er kann seinem Wort nicht ausweichen. Der Mann steht nun zwischen der Macht des Dämons und der Vollmacht Jesu. Er wird hin und her gerissen zwischen der Ahnung, dass Jesus richtig von Gott redet, und dem Sich-Festklammern an die alten Gottesbilder, an sein selbst errichtetes Lebensgebäude. Jesus spricht von Gott so, dass der Mensch in eine Entscheidung gestellt wird. Er kann Gott nicht mehr ausweichen. So löst sich der Mann mit einem lauten Schrei von seinem Dämon. Hier klingt schon der laute Todesschrei Jesu am Kreuz an, mit dem er endgültig den Sieg über die Dämonen verkündet.

Die Zuschauer erleben die Lehre Jesu als neu. Er spricht in einer neuen Weise von Gott, in einer erfrischenden und befreienden, in einer belebenden und heilenden Weise. Und er spricht mit Vollmacht. Jesus legt nicht wie die Pharisäer das Gesetz aus, sondern er lässt Gottes Kraft in seinen Worten spüren. Er spricht nicht über Gott, sondern in der Kraft Gottes lässt er in seinen Worten Gott selbst aufscheinen. Seine Worte bewirken etwas im Menschen. Sie befreien ihn zu sich selbst. Weil Jesus richtig vom Menschen und von Gott redet, haben die krankmachenden Gottesbilder und Selbstbilder keine Chance. Sie müssen weichen. Aber sie weichen nur unter Geschrei. Sie entlarven ihr wahres Wesen: ihre zerstörerische und menschenfeindliche Absicht. Sie zerren den Menschen hin und her. Sie reißen ihn aus seiner Mitte heraus und beherrschen ihn. Da muss einer kommen, der solche Macht hat wie Jesus, um sie aus der menschlichen Seele zu vertreiben. Nur so kann sich der Mensch aufrichten und zu sich selbst finden.

Die Heilung des Aussätzigen (1,40–45)

Aussätzige waren zur Zeit Jesu aus der menschlichen Gesellschaft ausgeschlossen. Sie mussten in eigenen Siedlungen wohnen. Das ist ein Bild für Menschen, die sich selbst nicht »ausstehen« können. Weil sie sich selbst nicht annehmen können, fühlen sie sich von den anderen abgelehnt, ausgegrenzt, ausgesetzt. Sie sind weder bei den Menschen noch bei sich selbst zu Hause. An der Haut können wir ablesen, ob wir uns in ihr wohl fühlen oder nicht. Wenn die Haut voller Aussatz ist, ist das ein Bild, dass wir vieles in uns nicht akzeptieren möchten. Was wir nicht annehmen, das zeigt die Haut als Ausschlag oder Pickel. So ein Mensch, der sich selbst nicht lieben kann, der sich von allen anderen abgelehnt fühlt, kommt nun auf Jesus zu. Er spürt, dass er so nicht weiter leben kann. Denn keiner kann nur als Ausgegrenzter, Abgelehnter und Unbehauster leben. Jeder sehnt sich nach Zuwendung und Liebe. Der Aussätzige erkennt seine Ohnmacht, selbst aus dem Teufelskreis der Ablehnung auszubrechen. So kommt er auf Jesus zu und fällt vor ihm auf die Knie. Er sagt zu ihm: »Wenn du willst, kannst du machen, dass ich rein werde.« (1,40) Das klingt so, als ob er Jesus die Verantwortung für sein Reinsein zuschieben würde. Er lehnt alle Verantwortung für sich ab. Er kann ja nichts dafür, dass er abgelehnt wird.

Jesus lässt sich auf den Kranken ein, aber er wird nicht einfach zu seinem Erfüllungsgehilfen. Er konfrontiert ihn mit sich selbst und seinem eigenen Anteil an der Krankheit. Der erste Schritt der Therapie Jesu besteht im Mitleid. Das griechische Wort »splanchnistheis« meint eigentlich: Er wurde in seinen Eingeweiden ergriffen. Die Eingeweide waren für die Griechen der Ort der verwundbaren Gefühle. Jesus lässt den Kranken bei sich eintreten. Er fühlt mit ihm, mit seiner Verbitterung, mit seiner Verzweiflung, mit seinem Selbsthass. Der zweite Schritt der Heilung ist das Ausstrecken der Hände: Jesus bietet dem Aussätzigen Beziehung an. Er möchte mit ihm in Kontakt treten, möchte, dass etwas zwischen ihnen hin und her strömt. Und dann berührt er den Kranken. Wenn jemand sich nicht selber annehmen kann, tun wir uns sehr schwer, ihn anzunehmen. Denn wir haben oft genug

Angst, dass wir all das innere Chaos des anderen berühren, dass wir uns die Hände schmutzig machen, weil der Unrat der Bitterkeit und des Selbsthasses auf uns geworfen wird. Jesus kennt solche Berührungsängste nicht. Er weiß, dass seine Person nicht unrein werden kann, dass sein Innerstes klar ist und rein. Die Berührung bedeutet: Ich nehme dich an, wie du bist. Berührung kommt von »rühren« = »sich mischen«. Die Gefühle Jesu mischen sich mit denen des Kranken. Jesus lässt etwas von seiner inneren Klarheit in den Kranken hineinströmen. Und dann sagt er zu ihm: »Ich will es – werde rein!« (1,41) Für mich heißt das: »Ich stehe zu dir. Ich nehme dich an. Nun ist es aber auch deine Aufgabe, ja zu dir zu sagen, dich selbst anzunehmen. Du musst nun auch das Deine zu deiner Heilung tun. Du musst dich für dich selbst, für das Leben entscheiden.« Im gleichen Augenblick verschwindet der Aussatz. Der Kranke kann sich nun annehmen. Er fühlt sich rein, im Einklang mit sich selbst. Doch offensichtlich fehlt dem Geheilten noch etwas. Er steht noch nicht ganz in sich selbst. Er muss ständig von seiner Heilung erzählen. Damit stellt er sich selbst in den Mittelpunkt. Er kann sich nicht so annehmen, wie er wirklich ist, sondern nur als jemand, der etwas Besonderes ist, der sich über die anderen stellt. Er verwechselt Angenommensein mit Abhängigkeit. Er lässt Jesus nicht los, indem er überall von ihm erzählt.

Jesus schickt den Geheilten weg und schärft ihm ein: »Nimm dich in Acht! Erzähle niemand etwas davon, sondern geh, zeig dich dem Priester und bring das Reinigungsopfer dar, das Mose angeordnet hat.« (1,44) Diese Reaktion Jesu ist auf den ersten Blick unverständlich. Das griechische Wort drückt seinen Zorn aus. Er »ergrimmte, er wurde unwillig, er schnaubte den Geheilten an«. Vielleicht spürt Jesus, dass der Geheilte sich mit seiner Heilung interessant machen möchte. Er soll den normalen

Weg gehen, sich den Priestern stellen. Er soll sich wieder in die Gemeinschaft einreihen. Doch der Geheilte erzählt überall und bei jeder Gelegenheit, was geschehen ist. Damit grenzt er Jesus aus. Dieser kann sich nun nicht mehr in den Städten zeigen. »Er hielt sich nur noch außerhalb der Städte an einsamen Orten auf.« (1,45) Nun sind die Verhältnisse umgekehrt. Jesus, der mitten in der Gemeinschaft stand, hat den, der ausgegrenzt war, geheilt und in die Gemeinschaft aufgenommen. Doch der Geheilte hat nun Jesus ausgegrenzt und ihn gezwungen, sich außerhalb der Gemeinschaft aufzuhalten. Jesus wollte den Menschen ganz und gar heilen. Doch dazu wäre es nötig gewesen, dass er zunächst einmal schweigt, damit die Heilung auch seine Seele erreichen kann und nicht nur seinen Leib. Doch dazu war der Aussätzige offensichtlich nicht bereit. Er lebt nun auf Kosten Jesu. Für mich ist das ein Hinweis auf den Tod Jesu am Kreuz. Da wurde er um unserer Heilung willen aus der menschlichen Gemeinschaft ausgeschlossen und ausgegrenzt, damit wir uns bedingungslos geliebt wissen. Am Kreuz wurde Jesus ausgesetzt, damit unser Ausgesetztsein aufgehoben wird und wir wieder neu in Gottes Nähe wohnen dürfen. Die Heilung des Menschen kostet Jesus, den Sohn Gottes, das Leben.

Die Heilung des Gelähmten (2,1–12)

Einige Tage nach dieser Heilung ist Jesus wieder zu Hause in Kafarnaum. So viele Menschen kommen zusammen und möchten sein Wort hören, dass keiner mehr durch die Tür gehen kann. Da bringen vier Männer einen Gelähmten. Sie steigen auf das Dach und schlagen ein Loch in die Decke, um den Gelähmten auf einer Tragbahre hinunter zu lassen, genau vor die Füße Jesu. Diese

Szene hat mich schon als Kind immer fasziniert. Damit der Gelähmte gesund wird, nehmen sie die Zerstörung des Hauses in Kauf. Sie lassen sich von der großen Menge nicht abhalten. Sie möchten den Kranken unbedingt zu Jesus bringen. Es ist ein Gelähmter. Wenn wir unsere Sprache befragen, was Lähmung für unsere Seele bedeutet, dann stoßen wir auf die Angst als die eigentliche Ursache der Lähmung. Angst lähmt mich. Sie blockiert und hemmt mich. Weil ich Angst habe, vor anderen etwas zu sagen, fühle ich mich gelähmt. Es ist die Angst vor dem Urteil der anderen. Doch es gibt noch andere Ängste, die mich lähmen: die Angst vor einer schwierigen Situation, vor einem mächtigen Menschen, vor einer Gefahr, und die Angst vor der eigenen Schuld, die Angst, meine Schuld könnte entdeckt werden.

Jesus sieht den Glauben der vier Männer, die den Gelähmten vor ihn bringen. Es ist nicht der Glaube des Kranken, sondern der seiner Begleiter. Jesus wendet sich nun dem Gelähmten zu: »Mein Sohn, deine Sünden sind dir vergeben.« (2,5) Der Gelähmte möchte gesund werden. Was soll da die Sündenvergebung? Doch Jesus spürt, dass die Lähmung auch mit einer inneren Haltung zu tun hat. Sünde heißt: sich verfehlen, an sich vorbei leben. Der Gelähmte verfehlt sein Menschsein, weil er meint, er müsse perfekt sein, er dürfe keine Schwächen zeigen. Weil er nicht schwach sein will, wagt er es nicht, in seiner Schwäche aufzustehen, sondern wird von ihr an das Bett gefesselt. Wer aufsteht, weiß, dass er fallen kann. Wer jedes Fallen vermeidet, bleibt immer im Grab seiner Angst liegen. Der Kranke hat vermutlich keine Gebote übertreten, aber er hat das Leben verweigert. Und die eigentliche Schuld besteht darin, das Leben nicht zu leben, das Gott uns zutraut. Auf das ungelebte Leben, auf die Haltung der Lebensverweigerung spricht Jesus den Kranken an. Er spricht ihm die Vergebung der Sünden zu, das bedingungslose Angenommensein von Gott her, und ermöglicht ihm so einen neuen Anfang: »Lass deine Schuldgefühle! Höre auf, dich mit Schuldgefühlen zu zerfleischen und vom Leben abzuhalten! Habe Mut, du selbst zu sein, mit deinen Fehlern und Schwächen aufzustehen. Gib deine Lebensverweigerung auf! Trau dich zu leben!«

Einige Schriftgelehrte stoßen sich an der Sündenvergebung, die Jesus dem Kranken zuspricht. Denn Sünden zu vergeben steht allein Gott zu. Jesus erkennt ihre Gedanken. So wendet er sich ihnen zu: »Was für Gedanken habt ihr im Herzen? Ist es leichter, zu dem Gelähmten zu sagen: ›Deine Sünden sind dir vergeben‹, oder zu sagen: ›Steh auf, nimm deine Tragbahre, und geh umher?‹« Und dann demonstriert Jesus den Schriftgelehrten, dass er die Vollmacht hat, Sünden zu vergeben. Er verkündet das Wort Gottes mit Vollmacht. Als deren Beweis sagt er nun zum Gelähmten: »Ich sage dir: Steh auf, nimm deine Tragbahre, und geh nach Hause!« (2,11) Wenn die Seele heil geworden ist, kann es auch der Leib werden. Indem der Gelähmte aufsteht, zeigt sich, dass die Sündenvergebung in ihm wirksam geworden ist. Er hängt nicht mehr an sich und seiner Angst fest. Er weigert sich nicht länger zu leben. Er traut sich aufzustehen. Er hat ja keine Garantie, ob er nach der langen Lähmung sicher auf den Füßen zu stehen vermag. Aber jetzt siegt das Vertrauen gegen die Angst. Das Wort Jesu, in Vollmacht gesprochen, gibt ihm offensichtlich Mut aufzustehen. Jesus bringt ihn in Berührung mit seinem Vertrauen und mit seiner eigenen Kraft. Und in dieser Kraft kann er stehen. Da ist er nicht mehr darauf fixiert, was die anderen von ihm denken, ob sie seine Hemmungen entdecken könnten. Er steht auf eigenen Füßen, er steht zu sich. Und er vermag zu gehen.

Ich kenne die Haltung des Gelähmten. Früher habe ich mir oft, wenn ich einen Kurs gehalten habe, den Kopf zerbrochen, was ich den Kursteilnehmern an Übungen anbieten soll. Ich habe mich selbst unter Druck gesetzt, damit ich den Kurs möglichst gut und phantasievoll gestalte, so, dass alle zufrieden sind. Vor einer Einheit habe ich gegrübelt, ob die oder jene Übung sinnvoller sei. Da hat mir die Erinnerung an das Wort Jesu geholfen: »Steh auf, nimm dein Bett und geh!« Wenn ich mir dieses Wort gesagt habe, habe ich aufgehört zu grübeln. Ich bin einfach in den Saal gegangen und habe dem Gefühl getraut, das in mir war, als ich anfing zu sprechen. Das war für mich immer wie eine Befreiung. In diesem Augenblick konnte ich meinen inneren Leistungsdruck lassen und einfach aufstehen und mit meinem Bett, mit meiner Unsicherheit, auf die Menschen zugehen.

Auseinandersetzung mit den Pharisäern (2,18–28)

Markus spricht immer wieder von der Auseinandersetzung Jesu mit den Pharisäern. Doch bei ihm ist die Gegnerschaft noch nicht so stark herausgearbeitet wie später bei Matthäus. Matthäus reflektiert vor allem die Verhältnisse der Christen zu den Pharisäern, wie sie sich nach dem Fall Jerusalems im Jahr 70 entwickelten. Die Pharisäer waren beim Volk beliebt, denn ihr Anliegen war es, eine Laienfrömmigkeit zu entwickeln. Ihnen war das Gebot Gottes wichtiger als die Opfer der Priester, und sie wollten mit ihren Vorschriften die Gebote Gottes ins konkrete Leben hinein übersetzen. Dabei luden sie jedoch oft genug den Leuten neue Lasten auf. Jesus stand den Pharisäern in vielen Fragen nahe. Doch er grenzte sich ihnen gegenüber auch immer wieder ab. Ihm war ihre Frömmigkeit zu äußerlich und zu sehr vom Leistungsdenken geprägt.

Ein Beispiel der Auseinandersetzung mit den Pharisäern ist die Fastenfrage. Die Jünger des Johannes und die Pharisäer fasten regelmäßig, normalerweise jeden Montag und Donnerstag und an bestimmten jährlichen Fasttagen. Die Jünger Jesu fasten nicht. Damit setzen sie sich ab von den Übrigen. Doch Jesus antwortet den Fragestellern: »Können denn die Hochzeitsgäste fasten, solange der Bräutigam bei ihnen ist?« (2,19) In diesem Satz scheinen das Selbstverständnis Jesu und sein Bild von Gott auf. Jesus ist nicht der Asket, der auf alle Freuden verzichtet. Markus erzählt von der Auseinandersetzung Jesu mit den Pharisäern im Anschluss an das Mahl mit dem Zöllner Levi und den Sündern. Jesus verzichtet hier darauf, die Sünder zur Umkehr zu rufen. Er hält mit ihnen Mahl. Er spricht ihnen die Liebe Gottes zu. Die erfahrene Liebe Gottes verwandelt sie. Jesus versteht sich als Bräutigam, der den Menschen die Nähe Gottes verkündet und sie einlädt, gemeinsam mit ihm die Liebe Gottes zu feiern. Er lädt die Menschen zur Hochzeit mit Gott, der eins werden will mit den Menschen. Und wenn Gott mit dem Menschen eins wird, dann wird der Mensch auch mit sich eins.

Die Hochzeit ist in vielen Märchen Bild vollendeter Selbstwerdung. Da werden alle Gegensätze des Menschen eins: Mann und Frau, Himmel und Erde, Licht und Dunkel. So zeigt Jesus hier im Bild der Hochzeit, wie er Spiritualität versteht: Sie ist nicht in erster Linie ein Weg des Verzichts, sondern ein Weg der Integration. Sie versucht, Himmel und Erde und alle Gegensätze der menschlichen Seele in sich und in Gott miteinander zu verbinden. Jesu Gottes- und Menschenbild ist von Freude und Zuversicht geprägt, von der Bereitschaft, Gottes liebende Zuwendung zum Menschen im Feiern auszudrücken. Und solches Feiern verträgt kein Fasten. Die Jünger fasten nicht, weil sie die Nähe Jesu als Nähe des göttlichen Bräutigams erfahren. Doch Jesus kündigt den Pharisäern an, dass seine Jünger fasten werden, wenn er ihnen durch den Tod entrissen werden wird. Dann wird es ein Trauerfasten sein. In der frühen Kirche hat man schon bald die Fastenpraxis der Juden übernommen. Allerdings hat man mittwochs und freitags gefastet statt montags und donnerstags. Im Fasten haben sich die frühen Christen mit dem Jesus verbunden, der mit seiner Ohnmacht die Macht der Dämonen überwindet, dessen Weg zur Auferstehung über das Kreuz ging. Zu unserem spirituellen Weg gehört beides: das ewige Fest des Einswerdens mit Gott zu feiern, aber auch fastend auszuhalten, dass Gott sich uns oft genug entzieht und dass dann unser Weg zu einem Kreuzweg wird, auf dem auch wir in die Auseinandersetzung mit den dämonischen Kräften gestellt sind, die sich unserer Selbstwerdung in den Weg stellen.

Jesus begründet das Verhalten der Jünger mit der Neuheit seiner Lehre. Er bringt den Menschen etwas wirklich Neues, er ist nicht einfach nur ein Rabbi unter vielen, und seine neue Botschaft verträgt sich nicht mit alten Bräuchen. Das wird deutlich im Bild des neuen und alten Weines, das Jesus in seinem Gleichnis verwendet. Neuen Wein füllt man in neue Schläuche. (2,22) Die neue Botschaft Jesu braucht auch neue Formen. In diesem Wort Jesu zeigt sich eine andere Spiritualität als in den Worten der Pharisäer. Diese versuchten, die Gebote Gottes für den Alltag auszulegen. Sie waren rückwärtig orientiert. Das in der Vergangenheit gegebene Gebot wollten sie aktualisieren. Jesus dagegen hat den Mut zum Neuen. Im Matthäusevangelium wird dieser Mut zum Neuen wiederum an das Alte rückgebunden. Da interpretiert Matthäus die Auslegung Jesu so, dass er kein Gebot abschaffen möchte. Bei Markus kommt die ursprüngliche Frische der Überzeugung Jesu zum Ausdruck. Jesus steht in der jüdischen Tradition, aber er blickt nicht ängstlich auf jeden Buchstaben des Gesetzes. Er traut seiner Intuition.

Und er traut dem Neuen, das durch ihn in die Welt gekommen ist. Er vertraut auf den immer neuen Gott, der alles neu macht.

Die Auseinandersetzung mit den Pharisäern setzt sich fort in der Frage nach dem Sabbatgebot. Gott hat den Menschen den Sabbat geschenkt, damit sie an diesem Tag von ihrer Arbeit ausruhen und an der Ruhe Gottes teilhaben. Der Sabbat ist eine Wohltat Gottes für die Menschen. Die Pharisäer haben mit ihren Geboten den Sabbat zu schützen versucht. Sie hatten durchaus ein menschenfreundliches Anliegen. Sie wollten, dass der Mensch wirklich ausruhen konnte. Doch bei ihrem Bemühen schossen sie über das Ziel hinaus. Was ursprünglich als Hilfe zum Genießen der Ruhe gedacht war, wurde zur Behinderung menschlicher Freiheit. Da war der Buchstabe wichtiger als der Sinn. Dabei gab es auch liberale Pharisäer, wie etwa die Schule des Hillel, die ähnlich dachten wie Jesus. Jesus stellt sich nicht radikal gegen die jüdische Tradition und gegen die Pharisäer. Er nimmt für sich in Anspruch, seine eigene Deutung zu geben. Dabei beruft er sich nicht auf andere Auslegungsschulen, sondern traut seinem eigenen Gespür für Gott und für den Menschen. Für die strenge Richtung der Pharisäer war das Ährenabreißen schon Erntearbeit. Am Werktag war es durchaus erlaubt, auch in fremden Kornfeldern Ähren abzureißen, wenn man Hunger hatte. Doch am Sabbat hatte das zu unterbleiben. Jesus argumentiert mit dem Beispiel Davids, der in das Haus Gottes ging und die heiligen Brote aß. Er erzählt hier die Bibel in freier Weise nach, denn in 1 Samuel 21,1–10 kommt David zum Priester Abimelech und bittet ihn um fünf Brote. Weil der Priester kein gewöhnliches Brot bei sich hatte, gab er ihm die heiligen Schaubrote. Wie David, so nimmt sich auch Jesus die Freiheit und gesteht seinen Jüngern zu, das Sabbatgebot zu übertreten, wenn sie hungrig sind. Er begründet diese Freiheit mit einem Hinweis auf den ursprünglichen Willen Gottes: »Der Sabbat ist für den Menschen da, nicht der Mensch für den Sabbat.« (2,27) Jesus nimmt für sich in Anspruch, den Willen Gottes zu kennen. Und er greift auf die Schöpfung zurück. Wörtlich sagt er: »Der Sabbat ist für den Menschen (des Menschen wegen) geschaffen worden, und nicht der Mensch für den Sabbat.« Mit diesem Satz stellt er sich jedoch nicht außerhalb der jüdischen Tradition. Rabbi Schimeon hatte um das Jahr 180 vor Christus ähnlich formuliert: »Euch ist der Sabbat übergeben worden, und nicht seid ihr dem Sabbat übergeben worden.« (Gnilka, 123) Rabbi Schimeon hatte allerdings nur eine akute Lebensgefahr im Blick. Jesus spricht diesen Satz in großer Freiheit aus. Selbst der Hunger seiner Jünger ist Grund genug, sich nicht an legalistische Sabbatgebote zu halten. Es geht immer um den Sinn der Gebote, und nicht um die Härte des Buchstabens.

Die Heilung des Mannes mit der verdorrten Hand (3,1–6)

Beim Gottesdienst in der Synagoge sieht Jesus einen Mann mit einer verdorrten Hand. Ich kann mir vorstellen, was das Problem dieses Mannes war: Mit der Hand gestalte und forme ich mein Leben und packe ich etwas an. Mit ihr nehme ich mein Leben in die Hand. Ich nehme mir, was ich brauche. Und ich gebe, was ich zu geben habe. Mit der Hand berühre ich andere Menschen. Ich gebe ihnen die Hand. Ich nehme Beziehung auf. Ich gebe ihnen Halt. Mit der Hand drücke ich Zärtlichkeit und Liebe aus. Die verdorrte Hand weist auf einen Menschen hin, der sich angepasst hat, der seine Hand zurückgezogen hat. Er will sich die Finger nicht verbrennen, sie sich nicht schmutzig machen. Er hat sich herausgezogen aus dem Lebenskampf und hat sich mit der Zuschauerrolle begnügt. Doch vor lauter Anpassen hat er auch alle Kraft verloren. Von ihm geht nichts mehr aus. Er kann nun nichts mehr in die Hand nehmen, nichts mehr formen und gestalten. Er ist handlungsunfähig geworden.

Es war Sabbat. Am Sabbat durfte man nicht heilen. Nur in Todesgefahr erlaubten es die Pharisäer, einen Menschen zu heilen. Ihnen war die Sabbatheiligung wichtiger als die Heilung des Menschen. Damit haben sie den ursprünglichen Sinn des Sabbats verfälscht. Jesus lässt sich von den Pharisäern nicht in seinem Handeln beschneiden. Er befiehlt dem Mann mit der verdorrten Hand: »Steh auf und stell dich in die Mitte!« (3,3) Er, der sich immer nur angepasst hat, der alles vom Rand aus beobachtete, der lieber aus der zweiten Reihe schoss, anstatt Verantwortung zu übernehmen, muss sich nun in die Mitte stellen. Er muss sich vor die anderen hinstellen. In diesem Befehl Jesu schwingt mit: »Du bist wichtig. Die Mitte ist der richtige Ort für dich.« Aber für mich klingt auch mit: »Stell dich! Stell dich endlich auf die eigenen Füße. Stell dich in deine Mitte! Du bist nicht in deiner Mitte. Du bist herausgefallen aus dir selbst.« Es ist eine Zumutung, die Jesus dem Mann mit der verdorrten Hand zutraut. Er kann nun nicht mehr in der Zuschauerrolle verharren. Jetzt muss er sich stellen. Er steht in der Mitte und wird von allen Seiten angestarrt. Das, was er unbedingt vermeiden wollte, widerfährt ihm nun. Er steht im Mittelpunkt des Interesses und kann sich nicht mehr verkriechen. Er muss sich stellen.

Nun wendet sich Jesus den anderen zu. Aus der Schlussbemerkung in 3,6 wird deutlich, dass es Pharisäer waren. Aber vermutlich waren auch noch andere anwesend, die sich hier einfach nur hinter das Gesetz stellten und Jesus beobachteten, ob er am Sabbat heilte. Dieser scheint hier ganz allein zu stehen gegen eine Mauer des Schweigens und der Feindschaft. Doch er ruht in seiner Mitte und ist ganz präsent. Wenn Jesus auftritt, ist er immer voll gegenwärtig. Er ist so lebendig, dass die anderen an ihm nicht vorbeikommen. Man kann Jesus mit seiner starken Ausstrahlung nicht übersehen, sondern muss Stellung beziehen. Man wird aus sich herausgelockt.

Jesus fragt die Umstehenden: »Was ist am Sabbat erlaubt: Gutes zu tun oder Böses, ein Leben zu retten oder es zu vernichten?« (3,4) Das scheint eine harte Frage zu sein, denn den Pharisäern ging es doch nur darum, die Gebote Gottes ernst zu nehmen. Sie hatten versucht, sie in den konkreten Alltag hinein auszulegen. Doch Jesus konfrontiert sie in seiner Frage damit, dass ihre Auslegung den Menschen Böses antut und ihr Leben vernichtet. Wem das Gesetz wichtiger ist als der Mensch, wem die Norm höher steht als die Not eines Kranken, der tut Böses. In so einem Umfeld von Prinzipienreiterei und enger Normerfüllung vermag der Mensch nicht zu atmen. Da geht er zu Grunde, sein Leben wird vernichtet. Das Befolgen bloßer Gebote tötet letztlich die Seele. Im Griechischen steht hier »psyche«. Es heißt wörtlich: die Seele, aber auch das Leben. Es meint die Person, das personale Leben. Die Person geht zu Grunde, wenn man sie in starre Normen zwängt. Die Seele kann nicht mehr atmen, wenn sie durch Prinzipienreiterei unterdrückt wird. Sie braucht Flügel, und nicht ein enges Korsett, in das man sie sperrt.

Als die Pharisäer schweigen, sieht Jesus sie der Reihe nach ernst an, »voll Zorn und Trauer über ihr verstocktes Herz« (3,5). Zorn und Trauer ist eine interessante Kombination von Gefühlen. Der Zorn meint nicht, dass Jesus vor den Pharisäern explodiert ist oder sie angeschrien hat. Zorn ist vielmehr die Kraft, sich zu distanzieren. Jesus schafft durch den Zorn Distanz zu den Pharisäern und schützt sich auf diese Weise vor ihnen. Mit dem Zorn sagt er ihnen: »Ihr dürft so sein. Ich mache euch keine Vorwürfe. Ihr dürft auch dieses verstockte und abgestorbene Herz haben. Aber es ist eure Sache. Ich lasse sie bei euch. Ich werde tun, was für mich stimmt.« Im Zorn befreit sich Jesus von der Macht der Gegner. Er lässt sich nicht von ihnen bestimmen. Er ist bei sich, mit sich im Einklang. So kann er aus seiner Mitte heraus handeln. Zum Zorn kommt die Trauer. Das griechische Wort »syllypoumenos« drückt aus: mitfühlen. Jesus distanziert sich zuerst von den Pharisäern. Aber er schneidet das Band zu ihnen nicht ab. Er reicht ihnen die Hand und fühlt mit ihnen. Er trauert über ihr hartes Herz, aber er fühlt sich in sie hinein: Wie muss es wohl in diesen Herzen aussehen, die so hart geworden sind? Wieviel Angst muss in ihnen sein, wenn sie so eng sind? Wieviel Verzweiflung und Menschenverachtung mag darin sein, weil sie sich so vor dem Leid eines Menschen verschließen? Ich kann erst wirklichen Kontakt zu einem Menschen aufnehmen, wenn ich auf meinen eigenen Füßen stehe. Wer keine Grenzen hat, der wird von den Gefühlen des anderen bestimmt. Er ist nicht frei zu handeln. Jesus dagegen ist frei. Er möchte Beziehung zu den Pharisäern. Er reicht ihnen in seiner Trauer die Hand, doch sie nehmen die ausgestreckte Hand nicht an. Sie gehen vielmehr hinaus und beschließen, ihn umzubringen. Mitten im heilenden Tun Jesu deutet Markus das gewaltsame Schicksal Jesu an. Jesus kämpft in der Heilung des Kranken gegen die Macht der Dämonen. In seiner Passion werden die Dämonen scheinbar die Oberhand gewinnen, aber in seinem Tod siegt Jesus endgültig über sie. Die Pharisäer, die hier den Tod Jesu beschließen, wissen nicht, dass sie damit die Niederlage aller lebensbedrohenden Mächte besiegeln. Denn im Tod wird das Leben, das der Mann mit der verdorrten Hand erhält, uns allen zuteil.

Die Scheidung der Geister an Jesus (3,20–35)

Die für Markus so typische Sandwich-Konstruktion verbindet den zweimaligen Besuch der Angehörigen Jesu mit den Vorwürfen der Schriftgelehrten, Jesus sei von Beelzebul besessen. Mit dieser Komposition macht Markus eine theologische Aussage: Selbst die nächsten Verwandten sind in Gefahr, Jesus zu dämonisieren. Die subtilste Form von Abwehr ist, den Gegner zu pathologisieren. Ich stelle ihn als psychisch krank hin, als vom Dämon besessen. Folglich brauche ich mich mit ihm nicht mehr auseinanderzusetzen. Die eigene Familie Jesu ist dieser Gefahr erlegen. Sie wollten Jesus so haben, wie es dem Familienskript entspricht: »Bei uns denkt man so; bei uns sagt man so etwas nicht.« Die Familie – einschließlich der Mutter – hat Jesus offensichtlich nicht verstanden. Sie konnten nicht akzeptieren, dass er seinen eigenen Weg ging, dass er sich dem himmlischen Vater gegenüber verpflichtet fühlte, und nicht den Familieninteressen. Wir können nicht mehr genau ausmachen, was der wirkliche Konflikt zwischen Jesus und seiner Familie war. Manche Exegeten meinen, Jesus habe mit seiner Botschaft vom Reich Gottes, das für alle bereit steht, gegen die pharisäische Ausrichtung der Familie verstoßen. Die Familie hatte Angst, dass Jesus dadurch ein schlechtes Licht auf die Familie wirft. Die Familienehre war ihnen wichtiger, als sich mit der Botschaft und dem Weg Jesu auseinanderzusetzen. Es ist schon eine sehr harte Aussage, die Markus über das Verhalten der Familie macht: »Als seine Angehörigen davon hörten, machten sie sich auf den Weg, um ihn mit Gewalt zurückzuholen; denn sie sagten: Er ist von Sinnen.« (3,21) Die Angehörigen halten Jesus für verrückt. Er ist für sie nicht mehr normal. Und sie halten die Gewalt für das geeignete Mittel, mit ihm umzugehen. Sie wollen ihn gewaltsam in den Schoß der Familie zurückholen.

Das Wort »Er ist von Sinnen« wird durch das Zwischenstück über die Schriftgelehrten verschärft. Diese machen Jesus den Vorwurf, er sei von Beelzebul besessen und treibe nur mit Hilfe der Anführer der Dämonen die Dämonen aus. Über das Wort Beelzebul sind sich die Exegeten nicht einig. Vermutlich heißt es: »Herr des Hauses«. Gemeint ist der Oberste der Dämonen, der über das Haus der Dämonen herrscht. Die Schriftgelehrten weigern sich wie die Familie Jesu, sich ernsthaft mit seiner Botschaft auseinanderzusetzen. Stattdessen machen sie ihn schlecht und werfen ihm vor, er stecke mit den Dämonen unter einer Decke. Das ist auch heute noch eine beliebte Methode, sich die Meinungen anderer vom Leib zu halten. Man drückt ihnen den Stempel einer psychischen Krankheit auf, denn dann braucht man sich nicht mehr um ihre Worte und Taten zu kümmern. Dann lässt sich alles nur als Ausdruck dieser Erkrankung abtun.

Doch Jesus lässt sich nicht in die Rolle des Kranken, des vom Dämon Besessenen drängen. Er widerlegt seine Gegner, indem er ein Gleichnis erzählt: »Wie kann der Satan den Satan austreiben? Wenn ein Reich in sich gespalten ist, kann es keinen Bestand haben.« (3,23 f.) Damit führt er die Vorwürfe der Schriftgelehrten ad absurdum. Das, was sie sagen, ist in sich unmöglich. Denn dann hätten die Dämonen gar keine Macht mehr. Was für das Haus der Dämonen gilt, gilt aber auch für die Familie. Auch eine Familie, die in sich gespalten ist, wird keinen Bestand haben. (3,25) Das ist eine Mahnung an die christliche Gemeinde. Markus geht es in der Verbindung des zweimaligen Familienbesuches mit dem Vorwurf, Jesus sei mit den Dämonen im Bund, nicht mehr nur um die geschichtliche Auseinandersetzung Jesu mit seiner Herkunftsfamilie. Er möchte vielmehr auf die Gefahr aufmerksam machen, der sich die christliche Gemeinde ausgesetzt sieht: die Spaltung. Der gefährlichste Spaltpilz wächst in dem Vorwurf an andere Gemeindemitglieder, sie würden mit den Dämonen gemeinsame Sache machen, ihre Predigt und ihr Verhalten seien von den Dämonen bestimmt.

Jesus bezeichnet das Verhalten der Schriftgelehrten als Sünde wider den Heiligen Geist. Wer über einen anderen, der ihn verunsichert, behauptet, er sei von einem unreinen Geist besessen, der sündigt gegen den Heiligen Geist, der in ihm spricht. Er handelt gegen sein Gewissen. Im Innersten weiß er, dass der andere eine wichtige Botschaft hat, der er sich stellen müsste. Aber er weigert sich, sich der Herausforderung durch den anderen zu stellen, indem er ihn als krank abstempelt.

Ich erlebe immer wieder Menschen, denen das Wort von der Sünde wider den Heiligen Geist Angst macht. Sie überlegen, ob ihre Sünden nicht auch gegen den Heiligen Geist verstoßen und ob sie daher unvergebbar seien. Doch Jesus meint hier ein ganz bestimmtes Verhalten: die Weigerung, sich gegen das klare innere Wissen auf die Botschaft Gottes einzulassen. Und: die Verfälschung des Heiligen als Dämonie, die Dämonisierung dessen, der im Namen Gottes die Herzen berühren möchte. Unsere täglichen Sünden sind keine Sünden wider den Heiligen Geist. Es sind Sünden der Schwäche, der Feigheit. Die Sünde wider den Heiligen Geist ist eine bewusste Verdrehung des Heiligen in das Böse.

Nach der Zurückweisung der Schriftgelehrten erzählt Markus von einem zweiten Besuch der Mutter Jesu und seiner Brüder. Sie bleiben vor dem Haus stehen und lassen Jesus herausrufen. Sie wollen über ihn bestimmen. Doch Jesus geht nicht einmal hinaus. Er nimmt den Wunsch der Angehörigen zum Anlass, auf seine neue Familie hinzuweisen. »Das hier sind meine Mutter und meine Brüder. Wer den Willen Gottes erfüllt, der ist für mich Bruder und Schwester und Mutter.« (3,34 f.) Die Beziehung zu Gott, die Bereitschaft, sich auf den Willen Gottes einzulassen, schafft eine neue Gemeinschaft, die tiefer ist als die familiären Bande. Das, was eine Gemeinschaft im Tiefsten zusammenhält, sind nicht das Wohlfühlen, nicht die gleichen Interessen, sondern die Erfüllung des Willens Gottes. Es ist eine Erfahrung, die Christen immer wieder gemacht haben: Dort, wo Menschen im Namen Jesu zusammengekommen sind, wo sie gemeinsam Gott gesucht haben, da entstand ein tiefes Band der Gemeinschaft. Aber – so zeigt Markus durch seine Sandwich-Komposition – die Gemeinschaft ist immer auch gefährdet. Die Gemeinschaft wird zerstört, wenn einige sich zum Richter über die anderen aufspielen, und vor allem, wenn einer den anderen dämonisiert und ihn für psychisch krank erklärt. Und auch die christlichen Gemeindemitglieder sind in Gefahr, sich ein bestimmtes Bild von Jesus zu machen, Jesus zu dämonisieren, anstatt sich seiner herausfordernden Botschaft zu stellen. Auch die Kirche steht heute in Gefahr, an den eigenen Bildern von Gott und von Jesus festzuhalten, anstatt sich von Gott verunsichern zu lassen. Markus mahnt sie, darüber zu wachen, dass alle den Willen Gottes erfüllen. Nur wenn sie bereit sind, immer wieder neu nach dem Willen Gottes zu fragen und ihn auch zu tun, kann eine Gemeinschaft entstehen, die Bestand hat.

Die Gleichnisrede Jesu (4,1–34)

Mitten im Tun Jesu hält Markus inne und lässt ihn eine lange Rede halten. Im ersten Teil des Evangeliums, während Jesu Wirken in Galiläa, deutet Jesus in drei Gleichnissen, wie sein Tun zu verstehen ist. Im dritten Teil, der vom Aufenthalt Jesu in Jerusalem erzählt, spricht Jesus in der zweiten großen Rede von der Endzeit, von dem, was in seinem Tod am Kreuz und durch seinen

Tod und seine Auferstehung in dieser Welt geschehen wird, wie diese Welt durch ihn zu Ende kommt. Im vierten Kapitel geht es um Jesu Wirken, um seine Krafttaten und um seine Verkündigung. Jesus steht im Dienst Gottes und sät den göttlichen Samen aus, damit er in den Herzen der Menschen aufgehe. Jesus erklärt, wie das Reich Gottes kommt: durch ihn selbst, durch seine Krafttaten und durch sein Wort, das er ausstreut. Aber das Wort Jesu fällt nicht bei allen Menschen auf fruchtbaren Boden. Es fällt auf den Weg, auf felsigen Boden und unter die Dornen. Dort kann es keine Frucht bringen. Doch dort, wo es auf fruchtbaren Boden fällt, trägt es reiche Frucht. Jesus selber erklärt seinen Jüngern, warum er Gleichnisse erzählt (4,10–12). Das Reich Gottes kann nur verstehen, wem es anvertraut ist. Die Jünger werden zu Eingeweihten in das Mysterium Gottes. Für die anderen, für die, die draußen sind, haben die Gleichnisse mehr einen verhüllenden Charakter. Das erscheint uns heute fremd. Doch Markus erklärt mit diesem Wort Jesu, warum so wenige Menschen an seine Botschaft glauben. Für die, die sich nicht auf den Weg Jesu eingelassen haben, bleibt alles rätselhaft. Für uns heute ist das ein Trostwort. Viele Christen leiden darunter, dass sich so wenige Menschen von der Botschaft Jesu ansprechen lassen. Wer draußen ist, wer nicht hinein gegangen ist in das Reich Gottes, wer nicht in Berührung ist mit seiner inneren Welt, mit seiner Seele, der kann die Worte Jesu nicht verstehen. Sie bleiben für ihn rätselhaft, bis Gott selbst das Herz des Einzelnen berührt und ihn so für das Geheimnis seines Wortes öffnet.

Jesus erklärt den Jüngern das Gleichnis vom Sämann. Es sind vier verschiedene Sorten von Menschen, die das Wort Gottes hören. Bei den ersten Hörern fällt das Wort auf den Weg. Jesus sagt, bei ihnen komme der Satan und nehme das Wort weg, das in sie gesät wurde (4,15). Das meint wohl, dass das Wort bei ihnen gar nicht richtig eindringen kann. Sie bleiben nicht stehen, um das Wort in sich einzulassen. Jesus deutet die Vögel, die den Samen aufpicken, als den Satan. Vögel sind Gedanken, die im Menschen hin und her hüpfen. Wer ständig mit tausend Gedanken beschäftigt ist, der tut zwar nichts Böses, aber letztlich ist er unfähig, sich von Gott erfassen zu lassen. Und daher ist die Oberflächlichkeit, die ständige Betriebsamkeit, mit der man das eigene Herz verstellt, letztlich Ausdruck des Dämonischen. Der Mensch lebt nicht selber, er wird gelebt.

Bei den anderen fällt das Wort auf felsigen Boden: »Sobald sie es hören, nehmen sie es freudig auf; aber sie haben keine Wurzeln, sondern sind unbeständig, und wenn sie dann um des Wortes Willen bedrängt oder verfolgt werden, kommen sie sofort zu Fall.« (4,16) Es sind die Menschen, die sich schnell begeistern lassen. Sie nehmen das Wort voll Freude auf. Es spricht sie an. Aber sie haben keinen Tiefgang. Sie leben nur in ihren Emotionen, von denen sie hin und her gerissen werden. Sobald in der Bedrängnis oder Verfolgung andere Emotionen in ihnen hochsteigen, lassen sie sich davon bestimmen. Sie haben keine Wurzeln. Sie haben keinen Stand. Sie fallen um, sobald sie jemand anstößt. Das ist ein Bild für viele Christen, die sich vom Wort Jesu berühren lassen. Aber weil sie keine Tiefe haben, kann das Wort keine Wurzeln schlagen. Sie lassen sich von jedem Windstoß umwerfen.

Unter die Dornen fällt das Wort bei denen, die durch die Sorgen, durch den trügerischen Reichtum und durch die Gier bestimmt werden. Solche Leidenschaften ersticken das Wort Gottes. Auf der einen Seite möchte man dem Wort folgen. Doch die Gier ist stärker. Man möchte unbedingt der Beste und Größte und Reichste sein. Das Wort Gottes ist gut, solange es einen nicht beim Bestreben nach den eigenen Zielen stört. Es wird nur geduldet. Aber es hat nicht höchste Priorität. Dornen sind aber nicht nur ein Bild für Leidenschaften, sondern auch für Verletzungen. Manche Menschen fühlen sich so verletzt, dass das Wort Gottes ihr Herz nicht erreicht. Die Verletzungen »machen sich breit« (4,19) in der Seele. Man kreist so sehr um die eigenen Wunden, dass das Wort Gottes keine Chance hat, uns Heilung und Befreiung zuzusprechen. Man sieht nur sich und die Kränkungen, die man erfahren hat.

Jesus möchte uns mit diesen drei negativen Beispielen warnen, das Wort Gottes nur oberflächlich aufzunehmen. Wenn wir ihm unser Herz hinhalten, dann fällt es auf guten Boden. Und dann wird es reiche Frucht bringen, »dreißigfach, ja sechzigfach und hundertfach« (4,20). So ist dieses Gleichnis voller Optimismus. Das Wort, das Jesus in Galiläa ausgestreut hat, wird nicht nur in den Herzen der Jünger aufgehen, sondern in den Herzen all derer, die sich der Botschaft des Evangeliums öffnen. Sie werden reich belohnt. Ihr Leben wird fruchtbar sein. Wer Jesus in sich aufnimmt, wer sich dem Reich Gottes öffnet, der darf sich an der Fruchtbarkeit seines Lebens erfreuen.

Markus beschreibt die Frucht, die das Wort Jesu in uns bringen könnte, durch einige Bildworte. Die anderen Evangelien zitieren diese Worte an anderer Stelle. Markus verfolgt mit diesen Worten seine persönliche Absicht. Die Frucht, die durch das Wort Gottes in uns aufgeht, ist wie ein Licht, das das Leben der Menschen erhellt und das das Verborgene in uns erleuchtet (4,21). Wer das Licht in die verborgenen Abgründe seiner Seele eindringen lässt, dessen Leben wird fruchtbar. Wer dagegen weite Bereiche seiner Seele vor dem göttlichen Licht verschließt, bei dem kann das Leben nicht strömen. Er wird erstarren und gefühllos werden. Ein anderer Aspekt des Lebens besteht darin, mit vollen Händen auszuteilen (4,24 f.). Wer großzügig austeilt, was er empfangen hat, der wird erfahren, dass seine Hände nicht leer werden, sondern sich immer wieder von Neuem füllen. Das Geben bezieht sich nicht nur auf das Schenken, auf materielle Unterstützung der Armen, sondern auf das Weitergeben des Gehörten, des Erfahrenen, des Verstandenen. Wer alles für sich behält, der erstickt daran. Nur wer gibt, bei dem strömt das Leben, bei dem wird es fruchtbar.

Nun erzählt Jesus das Gleichnis von der selbstwachsenden Saat, das nur im Markusevangelium zu finden ist. Es ist ein hoffnungsvolles und optimistisches Gleichnis. Wir brauchen uns gar nicht so anzustrengen, damit die Saat in uns aufgeht. Es genügt das geduldige Tun des Bauern, der seinen Samen aussät, sich dann hinlegt, um zu schlafen, und wieder aufsteht. Er kontrolliert nicht jeden Tag den Samen. »Es wird Nacht und wird Tag, der Samen keimt und wächst, und der Mann weiß nicht, wie.« (4,27) Es ist immer ein Geheimnis, wie das Wort Gottes in der menschlichen Seele oder auch auf dem Acker der Welt Frucht bringt. »Von selbst« bringt die Erde Frucht. Im Griechischen heißt es hier »automate«. Automatisch, von selbst, ohne unser Zutun wächst die Saat. Es ist ein Wunder, das Gott in der Erde wirkt. Genauso wird Gott auch in unserer Seele ein Wunder wirken. Er wird die Saat seines Wortes in uns heranreifen lassen. Was von uns gefordert ist, ist, das zu tun, was gerade ansteht. Arbeiten, schlafen und wieder aufstehen, um von neuem ans Werk zu gehen. Aber wir müssen nicht ungeduldig warten. Die Saat wird aufgehen, ob wir wollen oder nicht. Die Botschaft dieses Gleichnisses entlastet uns von dem Druck, dass wir bei uns unseren inneren Reifungsprozess ständig kontrollieren und vorantreiben müssen. Sie befreit uns auch von dem Anspruch, dass wir dafür verantwortlich sind, ob das Reich Gottes sich in dieser Welt ausbreitet. Gott selbst sorgt für die Saat, die er durch Jesus und durch seine Jünger in dieser Welt ausstreut. Unsere Aufgabe ist es, wie der

Landmann auszusäen, aber dann das zu tun, was unser Leben von uns fordert.

Eine ähnliche Botschaft hat das Gleichnis vom Senfkorn, das auch Matthäus und Lukas erzählen. Hier geht es ebenfalls um das selbsttätige Schaffen der Natur. Das Wirken Gottes erscheint oft unsichtbar. Und doch wird es sich durchsetzen. Wir selber werden für andere zum Baum, an den sie sich lehnen können. Und die Kirche wird – auch wenn sie in dieser Welt nur als eine kleine Herde erscheint – doch zu einem Baum, in dessen Schatten sich die Völker sammeln. In all diesen Gleichnissen kommt die Botschaft des Markusevangeliums zum Ausdruck: Im Verborgenen bewirkt Gott das Heil der Menschen, unter dem Anschein des Kleinen und Unbedeutenden verbirgt sich das große Geheimnis göttlichen Heils. In der Ohnmacht des Kreuzes offenbart Gott seine Macht über die Dämonen. Im Hass der Mörder offenbart sich die göttliche Liebe und siegt über alle Bosheit dieser Welt.

Der Sturm auf dem See (4,25–41 und *6,45–52)*

Markus berichtet uns von drei Überfahrten über den See (außer 4,25–41 und 6,45–52 noch die Überfahrt in 8,14–21). Bei jeder dieser Überfahrten geraten die Jünger in eine Krise. Jesus erscheint jeweils als der Retter. Aber – so zeigt es uns die dritte Überfahrt – die Jünger verstehen diesen Jesus nicht. Sie bleiben blind. Die drei Überfahrten an das andere Ufer sind voller Symbolik. Auf unserem Weg durch das stürmische Lebensmeer begleitet uns Jesus. Er schenkt uns die Gewissheit, dass wir mit ihm sicher an das andere Ufer gelangen, das Ufer der Herrlichkeit Gottes. Aber wir geraten auf unserem Lebensweg immer wieder in eine Krise. Diese kann nur zur Chance werden, wenn wir uns in ihr an Jesus wenden.

Die Situation des Seesturms ist typisch für unser menschliches Leben. Die Schifffahrt auf stürmischer See wurde von den frühen Kirchenvätern als Bild für unser zerbrechliches und gefährdetes Leben gesehen. So eine Situation schildert uns Markus. Nach der großen Seerede vom Boot aus verabschiedet Jesus die Leute und gibt den Befehl, an das andere Ufer, das heidnische Ufer zu fahren. Es ist Abend geworden. Wenn Markus vom Abend und von der Nacht spricht (opsias), dann meint er immer die Nacht der dämonischen Bedrängnis. Wenn es dunkel wird, dann tauchen in der menschlichen Seele dämonische Mächte auf. Doch wenn es dunkel wird, wird Jesus am Kreuz die Macht der Dämonen besiegen. So lässt Markus immer schon den Sieg des Kreuzestodes Jesu in seinem Evangelium anklingen. Hier zeigen sich die Dämonen, indem sie die Naturkräfte gegen die Jünger aufbringen: »Plötzlich erhob sich ein heftiger Wirbelsturm, und die Wellen schlugen in das Boot, so dass es sich mit Wasser zu füllen begann.« (4,37) Es ist schon erstaunlich, dass Jesus trotz dieses Sturmes und dem Schaukeln des Bootes hinten im Boot auf einem Kissen liegt und schläft. Jesus muss schon einen gesunden Schlaf gehabt haben, dass er vom Lärm der Wellen und vom Brausen des Windes nicht aufwachte. Vielleicht hat Markus auch mehr das Vertrauen Jesu im Blick, der sich von solchen Gefahren nicht beeindrucken lässt. Schlafen ist ja immer auch ein Symbol für das Ruhen in Gottes Händen. Mitten im Sturm ruht Jesus in Gott. Das ist ein Bild, wie wir die Stürme unseres Lebens überstehen können. Wenn wir uns mitten in der Angst in das Innere unserer Seele zurückziehen und dort in Gott ruhen, dann gehen die Wogen über uns hinweg. Aber sie können uns nicht verschlingen.

Der Schlaf Jesu im Boot der Jünger symbolisiert aber noch etwas anderes: Jesus ist bei den Jüngern, und doch sind diese allein auf sich gestellt. Im Schlaf entzieht sich

Jesus ihnen. Und damit schildert Markus eine Situation, die wir alle kennen. Wenn wir in Not geraten, wenn die Stürme des Lebens uns durcheinander wirbeln, wenn sich unsere Seele mit dem Wasser des Unbewussten füllt und unterzugehen droht, dann haben wir oft den Eindruck, allein auf uns gestellt zu sein. Die Beziehung zu Jesus ist abgerissen. Jesus schläft in unserem Boot. Wir spüren ihn nicht. Es besteht keine Verbindung zu ihm. Wir kennen seine Worte, aber sie bewirken nichts in uns. Wir empfangen ihn in der Kommunion, aber er bewegt unser Herz nicht. Er stillt den Sturm nicht, der im Inneren unserer Seele tobt.

Die Jünger wecken Jesus mit einem Vorwurf auf: »Meister, kümmert es dich nicht, dass wir zu Grunde gehen?« (4,38) Im Griechischen steht hier das gleiche Wort, das die Dämonen in der Synagoge von Kafarnaum gebraucht haben: »Bist du gekommen, um uns zu vernichten?« (1,24) Die Jünger haben Angst, dass Jesus sie nicht erretten, sondern verderben könnte. Sie sehen im Schlaf Jesu nicht sein Vertrauen auf Gott, sondern dass er sich ihnen entzogen hat. Sie werfen ihm vor, dass sein Schlaf Ausdruck seines mangelnden Interesses an ihnen ist. Sie mühen sich ab und sind trotzdem nahe daran unterzugehen. Sie wissen nicht mehr ein noch aus. Jesus reagiert nicht auf den Vorwurf. Er rechtfertigt sich nicht. Vielmehr steht er auf, droht dem Wind und sagt zum See: »Schweig, sei still!« (4,39) Er spricht den Wind und das Meer wie lebende Wesen an, wie Dämonen, die er auch mit dem gleichen Wort austreibt. Die Alten glaubten, dass in schädlichen Naturgewalten dämonische Mächte am Werk sind. Ihnen befiehlt Jesus zu schweigen. Das Wort Jesu ist wie ein Exorzismus. Er treibt die Dämonen aus den Elementen dieser Welt. Und sie gehorchen ihm aufs Wort. Für die Jünger ist das erstaunlich, dass sogar die Naturgewalten Jesus gehorchen. Jesus ist nicht nur Herr über die Dämonen, sondern auch über die Natur. Sein Wort wirkt bis in die Schöpfung hinein. Die Wirkung seines Wortes ist: »Es trat völlige Stille ein.« (4,39) Im Griechischen steht hier: »galene megale = große Ruhe«. Wenn Jesus in uns aufsteht und die Dämonen aus der Finsternis unserer Seele vertreibt, dann kommen wir wirklich zur Ruhe, dann werden wir ganz still und sind offen für das Geheimnis Gottes, der in uns wohnt.

Jesus wendet sich an die Jünger: »Warum habt ihr solche Angst? Habt ihr noch keinen Glauben?« (4,40) Die Jünger haben Jesus erlebt. Sie haben sein Wort gehört. Doch sie glauben ihm immer noch nicht. Sie sind voller Angst vor den dämonischen Mächten. Sie haben noch nicht erkannt, dass Jesus der Herr über die Dämonen ist, dass in ihm Gottes Macht am Werk ist. Hier klingt wieder das typisch markinische Jüngerunverständnis an. Obwohl sie Jesus erleben, kommen sie nicht zum Glauben. Indem Markus die Jünger als ungläubig schildert, möchte er die Leser einladen, zu glauben, dass Jesus der Herr ist über alle Mächte dieser Welt. Zugleich aber können die Leser sich in den Jüngern wiederfinden. Auch ihnen ergeht es ähnlich wie den Jüngern. Sie haben das Wort Jesu gehört. Sie lesen von den Wundern und Machttaten, die er wirkt. Und trotzdem werden sie wie die Jünger von den Mächten der Finsternis hin und her geworfen. Dann erscheint ihnen Jesus weit weg, er scheint sich ihnen zu entziehen und zu schlafen, und wenn Jesus in ihnen schläft, dann geraten sie in Angst. Markus zeigt Jesus hier als den, der uns hilft, unsere Angst zu überwinden. Die Angst ist letztlich die Ursache, dass wir immer mehr in den Strudel des Unbewussten geraten und darin unterzugehen drohen. Markus fordert seine Leser auf, mitten in der Angst aufzustehen und sich mit ihrer Angst an Jesus zu wenden, den Herrn dieser Welt. Er hat die Macht, auch in ihrer aufgewühlten Seele eine große Stille zu schaffen und ihre Angst in Vertrauen zu verwandeln.

In der zweiten Geschichte vom Seesturm fahren die Jünger alleine im Boot über das Meer. Jesus hat sich auf den Berg zurückgezogen, um zu beten. Vom Berg aus sieht er, wie sich die Jünger abmühen. »Denn sie hatten Gegenwind.« (6,48) Das ist ein Bild für unser Leben. Auf unserem Lebensweg bläst uns oft der Gegenwind ins Gesicht. Alles verschwört sich gegen uns. In der vierten Nachtwache geht Jesus ihnen entgegen. Das kann ein Bild für die Stürme sein, die in der Lebensmitte aufkommen. Es kann aber noch etwas anderes bedeuten. Jesus hat schon am Abend gesehen, dass die Jünger sich im Gegenwind abmühen. Trotzdem wartet er bis zur vierten Nachtwache. So lange würde normalerweise die Überfahrt gar nicht dauern. Die vierte Nachtwache, also zwischen drei und sechs Uhr in der Nacht, führt schon den Morgen herbei. Der Abend und die Nacht sind immer Bild für die Finsternis und für die Macht der Dämonen. Die ganze Nacht über dauert unsere Fahrt ans andere Ufer. Das ist ein Bild für unseren Lebensweg, der durch den Machtbereich der Dämonen hindurchführt ans befreiende Ufer Gottes. Am Morgen geschieht die Auferstehung. Jesus hat in seiner Auferstehung die Macht der Finsternis überwunden. So ist der Jesus, der über das Meer wandelt, schon ein Bild für den Auferstandenen, der die Nacht des Todes überwunden hat. Doch die Jünger erkennen ihn nicht. Sie glauben, er sei ein Gespenst. Doch er spricht sie an: »Habt Vertrauen, ich bin es; fürchtet euch nicht!« (6,50) Jesus offenbart sich mit dem »ego eimi«, das an die Gottesoffenbarung am brennenden Dornbusch erinnert. In ihm begegnet uns auf unserem Lebensweg der rettende und befreiende Gott. Der Gott Jesu Christi ist immer der Gott, der uns von der Angst befreit, der Vertrauen in uns wirkt. Wenn Gott uns Angst macht, dann ist es ein Dämon und nicht der Gott Jesu. Die Nähe Jesu nimmt uns alle Angst. Er steigt nun in ihr Boot, und sofort legt sich der Wind. Doch genau wie nach der Brotvermehrung bleiben auch hier die Jünger ohne Verständnis. Sie können Jesus nicht als den Spender des Lebens und als den Herrn über den Tod erkennen. Wir Leser aber sollen in diesem Jesus den erkennen, der unseren Hunger stillt und uns auf unserem stürmischen und bedrohlichen Lebensweg begleitet. Wenn er in uns ist, dann kann uns keine dämonische Macht vom Leben und von der Beziehung zu Gott abhalten. Dann werden wir sicher ans andere Ufer gelangen.

Die Heilung des Besessenen von Gerasa (5,1–20)

Es ist eine eigenartige Geschichte, die uns Markus da überliefert. Manche Exegeten meinen, das könne Jesus so nicht getan haben. Sie halten die Geschichte für eine Wanderlegende, die man nun auch mit Jesus verband. Doch solche Konstruktionen helfen uns nicht weiter. Ich nehme die Geschichte, wie sie ist. Jesus geht hier in das heidnische Gebiet der Dekapolis. Er beschränkt sich also nicht nur auf das jüdische Land. Dort kommt ihm ein Besessener entgegen. Von ihm sagt Markus, er habe einen unreinen Geist, und der Evangelist schildert uns, wie dieser sich ausdrückt. Aus seiner Beschreibung können wir sehr gut die innere Situation dieses Menschen erkennen. Er lebt in Grabhöhlen, dort, wo der Tod haust. Wie muss es in der Seele dieses Menschen ausgesehen haben, wenn er nur noch in den Grabhöhlen wohnen kann? Es gibt Menschen, die ihre Wohnung schwarz anmalen. Alles in ihnen ist düster und dunkel. In ihrer Seele herrscht die Finsternis. Depressive Menschen kennen diesen Zustand. Sie hausen oft genug in inneren Grabhöhlen. Grabhöhlen sind Bilder für das Morbide eines Menschen. Es gibt Menschen, in denen alles nach Tod und Verwesung riecht. Da ist kein Leben, das blüht. Sie sind erfüllt von selbstzerstörerischen Kräften, von einem Sog in die Tiefe, von Tendenzen der Auflösung und Vernichtung.

Wer in den Grabhöhlen haust, der zieht sich von den Menschen zurück. Aber offensichtlich geht der Kranke immer wieder zu den Menschen und erschreckt sie oder bringt sie durcheinander. Denn es heißt von ihm, dass die Menschen ihn nicht bändigen konnten. Sie konnten ihn nicht einmal fesseln. In dem Mann ist eine ungeheure Kraft. Er zerreißt die Fesseln und Ketten. Die Menschen können nicht angemessen auf diesen Kranken reagieren. Vielleicht fesseln sie ihn, indem sie ihn in ihre Normen einzwängen möchten. Aber er lässt sich nicht einordnen. Er geht seinen eigenen Weg. Vielleicht wollten sie ihn ruhig stellen, damit er sie nicht mehr belästigt, damit er ihre Familie nicht in Verruf bringt. Dann hat die Dämonisierung des Kranken etwas mit dem Beziehungsgeflecht seiner Umwelt zu tun. Die Umwelt ist mit beteiligt an seiner Dämonisierung. Sie kann das Unbekannte und Nicht-Einzuordnende des Kranken nicht aushalten und versucht ihn daher zu fesseln.

Noch eine andere Mitteilung macht uns Markus: Der Kranke schreit unaufhörlich bei Tag und bei Nacht. Es ist paradox: Wer sich in Grabhöhlen zurückzieht, möchte allein sein. Er möchte mit den Menschen nichts zu tun haben. Wer jedoch schreit, der sucht Kontakt. Er schreit solange, bis die Menschen ihn hören und erhören, bis sie ihn beachten. Es ist eine ambivalente Haltung, die den Kranken bestimmt. Er zieht sich zurück und wünscht doch die Beziehung zu den Menschen. Er versteckt sich und schaut doch nach den Menschen aus, ob sie ihn nicht besuchen. Er möchte in den Grabhöhlen geschützt sein vor den Verletzungen durch die Menschen. Aber zugleich schlägt er sich selbst mit Steinen. Er richtet seine Aggressionen gegen sich selbst. Eine Frau, die immer wieder sich selbst verwundete, erzählte mir als Grund ihres Tuns: »Bevor die anderen mich verletzen, mache ich es lieber selber.« Bei manchen ist die Selbstverletzung die einzige Möglichkeit, sich zu spüren.

Der Besessene haust in den Grabhöhlen. Er möchte am liebsten tot sein, und dennoch will er sich auch spüren. So bleibt ihm nur der Weg der Selbstverletzung, um überhaupt noch wahrnehmen zu können, dass er lebt.

Die Ambivalenz im Verhalten des Kranken wird auch in der nächsten Szene sichtbar. Als der Mann Jesus sieht, läuft er auf ihn zu und wirft sich vor ihm auf die Knie. Er scheint seine Macht anzuerkennen. Und er fühlt sich offensichtlich von ihm angezogen. Vielleicht hat er die Hoffnung, dass er bei diesem Jesus Heilung finden könnte. Doch zugleich schreit er Jesus an: »Was habe ich mit dir zu tun, Jesus, Sohn des höchsten Gottes? Ich beschwöre dich bei Gott, quäle mich nicht!« (5,6) Er möchte geheilt werden, und zugleich wehrt er sich dagegen. Doch eine solche Ambivalenz ist typisch für viele Kranke. Sie fühlen sich hin und her gerissen zwischen dem Wunsch, gesund zu werden, und dem Widerstand gegen die Heilung. Denn bei ihrer Krankheit wissen sie, wo sie im Leben stehen. Wenn sie gesund werden, wissen sie nicht, was da auf sie zukommt. Zumindest können sie sich nicht mehr jeder Verantwortung entziehen. Sie müssten ihr Leben selbst in die Hand nehmen.

Jesus unterscheidet die Person des Kranken und den unreinen Geist, der ihn besetzt hält. Er sieht in dem chaotischen Menschen den inneren Kern, der gesund ist. Und an diesen Kern glaubt er. Er möchte diesen gesunden Kern trennen von den krankmachenden Lebensmustern, die den Kranken bestimmen, von dem unreinen Geist, der sein Denken trübt, von seinen inneren Zwängen und fixen Ideen. Jesus fragt den Kranken: »Wie heißt du?« Der Name ist nicht etwas Äußeres, sondern bringt das Wesen eines Menschen zum Ausdruck. Jesus konfrontiert den Kranken durch diese Frage mit sich selbst. Er soll selbst sagen, wer er in Wirklichkeit ist, was sein wahres Wesen ist. Jesus gibt keinen Kommentar zu dem auffälligen Verhalten des Kranken. Er nimmt ihn ernst. Aber er zwingt ihn auch, von den Symptomen weg und auf sein wahres Wesen zu blicken. Die Antwort des Kranken ist jedoch ausweichend: »Mein Name ist Legion; denn wir sind viele.« (5,9) Der Besessene gebraucht hier ein Wort aus der römischen Soldatensprache. Eine Legion zählte 6000 Soldaten. Man kann sich vorstellen, was der Kranke damit zum Ausdruck brachte. 6000 Soldatenstiefel sind auf seiner Seele herumgetrampelt. Sie haben ihm seinen innersten Kern zertreten. Jetzt weiß er nicht mehr, wer er eigentlich ist. Sein Selbst ist ihm unter den Soldatenstiefeln der Menschen, die ihn abgelehnt und verletzt haben, abhanden gekommen. Jetzt fühlt er sich selbst wie eine Legion. Eine ganze Legion von psychischen Erkrankungen haust in ihm. Seine Persönlichkeit zerfällt in viele Seelenteile. Er fällt in sich auseinander, kennt sich selbst nicht aus, wer er denn eigentlich ist, bekommt das Ganze seiner Person nicht zu fassen. Die Begegnung mit Jesus ermöglicht ihm, sein wahres Selbst zu entdecken. Manchmal hilft uns die Begegnung mit einem Menschen, der in seiner inneren Mitte ist, dass wir selbst in unsere Mitte kommen. Jesus, der eins ist mit sich und mit Gott, ist für den in sich Zerrissenen wie ein Magnet, der all die auseinanderfallenden Seelenteile wieder zusammenfügt.

Und dann nimmt die Geschichte einen eigenartigen Verlauf. Die Dämonen flehen Jesus an, er möge sie nicht aus der Gegend verbannen, sondern in die Schweineherde fahren lassen. Jesus erlaubt es ihnen, und die ganze Schweineherde stürzt sich in den See und ertrinkt dort. Was soll das bedeuten? Hat Jesus hier kein Mitleid mit den Schweinen? Für Juden waren die Schweine unrein.

Die Jünger Jesu waren sicher schadenfroh, dass die vielen Schweine zu Grunde gingen. Wenn wir das als inneres Bild sehen, dann könnte es bedeuten: All das Unreine, das im Kranken ist, fährt in die Schweine. Es findet einen Ausdruck im Äußeren, und dadurch hört es auf, die Seele zu tyrannisieren.

Und es fährt in das Wasser. Wasser ist ein Bild für das Unbewusste. Indem das Unreine ausgedrückt wird, vielleicht ins Wort gefasst oder in ein Bild, das der Kranke malt, verliert es die Macht über das Unbewusste. Es kann im Unbewussten nicht mehr wüten, sodass es von dort her unser bewusstes Denken und Tun trübt und bestimmt.

Die Schweineherde ist der ganze Reichtum der Hirten. Sie sind stolz auf ihren großen Besitz. Aber vielleicht haben sie vor lauter Schielen darauf den Menschen vernachlässigt und ihn auf diese Weise dämonisiert. Manchmal kann ein Sohn nur gesund werden, wenn der Vater seinen ganzen Besitz loslässt, wenn er sich zumindest von allem Äußeren abwendet und sich wieder dem Sohn zuwendet. Eine Familie, der es nur um das »Haben« geht, merkt oft gar nicht, wie das den Sohn oder die Tochter krank macht. Sie gehen vielleicht von einem Arzt zum andern, um ihrem Kind zu helfen. Sie bezahlen viel Geld, damit ihr Kind gesund wird. Aber nicht das Geld, das sie für die Heilung ausgeben, wird das Kind heilen, sondern eben nur das Geld, das sie loslassen, von dem sie sich innerlich distanzieren.

Die Besitzer der Herde kommen und schauen sich alles genau an. Sie verstehen nicht, was da geschehen ist. Sie sehen nur, dass ihr Besitz zum Teufel gegangen ist. Darüber sind sie ganz und gar nicht erfreut. So bitten sie Jesus, er möge ihr Gebiet verlassen. So einen Heiler können sie nicht brauchen. Der stört ja ihre Verhältnisse, ihre festgefahrenen Beziehungen. Der bringt ihr Leben durcheinander. Der Geheilte spürt, was von Jesus ausgeht. Er möchte bei ihm bleiben. Als Jesus mit seinen Jüngern ins Boot einsteigt, möchte er mit ihm fahren. Er hat erfahren, dass die heilende und liebende Nähe Jesu ihm gut tut. Er braucht seine Nähe, damit er seine neue Identität festigt. Doch Jesus erlaubt es ihm nicht. Er soll nach Hause gehen und seiner Familie berichten, was Jesus für ihn getan und wie er Erbarmen mit ihm gehabt hat. Damit er ganz gesund wird, ist es wichtig, sich mit denen zu versöhnen, die ihn verletzt haben. Seine Identität muss er gerade dort verwirklichen, wo er sie verloren hat. Jesus sendet den, der so krank war, als Missionar in das heidnische Gebiet der Dekapolis. Die Leute hören ihm zu und staunen. Der, der wie der Besessene eine solch lebensbedrohliche Krise durchgestanden hat, kann anders von Gott und von Jesu Wirken berichten. Er berührt die Herzen seiner Zuhörer. Sie öffnen sich für das Geheimnis Gottes: »Und alle staunten.« (5,20)

Die Heilung der Tochter des Jairus und der blutflüssigen Frau (5,21–43)

Die kunstvoll miteinander verschachtelten Geschichten von der Heilung der Tochter des Jairus und der der blutflüssigen Frau sind Beziehungsgeschichten. Sie zeigen, wie sich ein Mädchen entwickelt, das vom Vater übersehen wird. In der ersten Erzählung ist der Vater des Mädchens Synagogenvorsteher. Vor lauter Verantwortung bemerkt er seine Tochter nicht, und sie wird krank, stirbt sogar. Sie kann offensichtlich nicht leben. Der Vater sieht ein, dass er trotz all seiner Frömmigkeit und trotz seiner gehobenen Position seiner Tochter nicht zu helfen vermag. So ist der erste Schritt der Therapie, dass er zu einem anderen geht, dass er vor Jesus niederfällt und ihn um Hilfe bittet. Er erkennt seine Ohnmacht. Das ist ein wichtiger Schritt zur Heilung seiner Tochter. Wenn der Vater seine Macht loslässt, mit der er meint, alles beherrschen zu können, dann kann sich auch die Tochter aus dem Würgegriff seiner Hand befreien.

Bevor Jesus die Tochter heilt, wendet er sich zunächst dem Vater zu. Er behandelt zuerst den Bittsteller. Jesus spürt, dass die Beziehung des Vaters zu seiner Tochter von Angst geprägt ist. Väter möchten am liebsten alles in den Griff bekommen. Ihnen fällt es schwer, ihre Tochter loszulassen und sie der heilenden Kraft Gottes zu überlassen. Jesus sagt daher zum Synagogenvorsteher: »Sei ohne Furcht, glaube nur!« (5,36) Nur wenn der Vater seine Ohnmacht eingesteht und bereit ist, seine Tochter loszulassen und sie Gott zu überlassen, kann sie gesund werden. Die Angst des Vaters führt entweder dazu, die Tochter zu kontrollieren oder aber alles dafür einzusetzen, dass sie seinen Vorstellungen entspricht. Der Vater fördert dann die Tochter, aber nicht weil er ihr vertraut, sondern weil er sie selbst formen will, anstatt sie der Form zu überlassen, die Gott in sie hineingelegt hat.

Als Jesus mit den Eltern zum Bett des Kindes kommt, fasst er es an der Hand und sagt zu ihm: »Talita kum!« Das heißt übersetzt: »Mädchen, ich sage dir, steh auf!« (5,41) Jesus reicht dem Mädchen die Hand und vermittelt ihr so etwas von seiner Kraft. Er traut ihr zu, dass sie sich auf die eigenen Füße stellt und ihren persönlichen Weg geht. Er hält sie nicht fest. Er lässt sie frei umhergehen und sagt: »Man gebe dem Mädchen etwas zu essen.« Ihr hilft es nicht, wenn man sie zu sehr umsorgt, wenn man ihr alle Schritte ebnet und alle Gefahren von ihr nimmt. Vielmehr geht es darum, ihre Vitalität zu stärken. Zu essen geben heißt: Sie soll mit sich und ihrem Leib, mit ihrer eigenen Kraft und Lebendigkeit in Berührung kommen. Dann kann sie leben.

Auf die Bitte des Jairus hin macht sich Jesus auf den Weg zu dessen 12-jähriger Tochter. Doch unterwegs begegnet ihm eine Frau, die schon seit 12 Jahren an Blutfluss leidet. Man könnte sagen, mit 12 Jahren wird die Tochter erwachsen. Die Frau, die seit 12 Jahren an Blutfluss leidet, deren Regelblutung nicht aufhören möchte, hat Probleme mit ihrem Frausein, mit ihrer Sexualität. Man kann aber die Zahl 12 auch symbolisch auslegen. Sie drückt einmal die Ganzheit des Menschen aus, aber sie meint zugleich auch seine Beziehungsfähigkeit. Der Mensch kommt erst zu seinem wahren Wesen, wenn er beziehungsfähig ist. Beide Kranke sind dies offensichtlich nicht wirklich. Das Mädchen stirbt und löst sich dadurch von jeder Beziehung. Sie isoliert sich in die Starre hinein. Die blutflüssige Frau möchte Beziehungen eingehen. Aber es gelingt ihr nicht, weil sie den verkehrten Weg geht. Sie gibt immer nur, um Zuwendung zu bekommen. Sie gibt ihr Blut, das heißt: ihre Kraft, ihre Lebendigkeit, ihre Vitalität, nur um bei anderen beliebt zu sein. Sie passt sich an, sie verausgabt sich, um Anerkennung und Zuwendung zu bekommen. Aber sie wird immer schwächer dabei. Sie gibt viel, weil sie viel braucht, bekommt aber nie, was sie braucht. Sie gibt nicht nur ihr Blut, sondern auch ihr Vermögen. Vermögen, Geld, das bedeutet im Traum immer die eigenen Fähigkeiten und Möglichkeiten. Wir entwickeln alle unsere Fähigkeiten, wir strengen uns an zu lernen, nur um von Menschen Anerkennung zu bekommen. Aber auch da spüren wir, dass wir immer zu kurz kommen und letztlich leer ausgehen.

Der Wendepunkt tritt bei der Frau ein, als sie ihr Geben aufgibt und sich stattdessen einfach den Zipfel von Jesu Gewand nimmt. Damit bekommt sie einen Teil Jesu in ihre Hand, seine Spiritualität, seine Beziehung zu Gott. Sie gibt nicht mehr, um zu bekommen, sondern sie nimmt sich einfach, was sie braucht. Und indem sie sich das Entscheidende nimmt, bekommt sie es auch. Sie wird geheilt. Der Blutfluss versiegt. Sie spürt die Kraft, die von Jesus ausgeht. Die Frau hat sich nur von hinten an Jesus herangewagt. Jetzt muss das Heimliche offen angesprochen werden. Sie muss zu ihrer Krankheit und zu ihrer Heilung stehen, die ganze Wahrheit sagen. So fühlt sie sich nicht nur in ihrem Leib angenommen, sondern mit ihrer ganzen Wahrheit, mit ihrer ganzen Lebensgeschichte, mit ihrem Frausein. Sie kann ihre Wahrheit vor Jesus sagen, weil sie die von ihm ausgehende Kraft, seine heilende und Vertrauen erweckende Ausstrahlung gespürt hat. So bringt sie es fertig, vor ihm alles zu sagen, was sie bewegt. Das war sicher nicht einfach, mitten in einer Männergesellschaft, die ja durch sie nun unrein geworden war. Denn wer eine blutflüssige Frau berührt, der muss sich erst rituellen Waschungen unterziehen, um wieder rein zu werden. Doch Jesus richtet die Frau auf: »Meine Tochter, dein Glaube hat dir geholfen. Geh in Frieden! Du sollst von deinem Leiden geheilt sein.« (5,34) Jesus spricht sie als Tochter an. Er geht eine Beziehung zu ihr ein. Er behandelt sie nicht nur als eine fremde Frau, sondern ist bereit, familiären Kontakt zu ihr zu knüpfen. Und er bestätigt ihr, dass sie richtig gehandelt hat, dass ihr Glaube sie gesund gemacht hat. Als sie alles gegeben hat, um Zuwendung zu bekommen, hat sie nicht geglaubt. Da wollte sie alles selber machen und hat sich damit zu Grunde gerichtet. Jetzt vertraut sie Jesus und nimmt sich von ihm, was sie zum Leben braucht. Das heilt sie und richtet sie auf.

Die Speisung der Fünftausend (6,30–44) bzw. Viertausend (8,1–10)

Markus erzählt zweimal von der wunderbaren Brotvermehrung. Manche Exegeten meinen, er würde die gleiche Begebenheit verdoppeln. Doch im Aufbau des Markusevangeliums zeigt sich, wie wichtig ihm diese beiden Texte sind. Markus legt besonderen Wert auf die Reaktion der Jünger. Bei der zweiten Brotvermehrung tun die Jünger so, als hätten sie die andere Brotvermehrung vergessen. Die Jünger erkennen nicht, wer dieser Jesus ist. Sie sind blind. Die beiden Brotvermehrungen hat Markus zwischen drei Erzählungen von Überfahrten mit dem Boot beschrieben. Auch bei diesen Überfahrten zeigt Jesus den Jüngern seine überirdische Macht. Doch selbst das wirkt in ihnen keinen Glauben. Bei der dritten Überfahrt tadelt Jesus seine Jünger scharf: »Begreift und versteht ihr immer noch nicht? Ist denn euer Herz verstockt? Habt ihr denn keine Augen, um zu sehen, und keine Ohren, um zu hören?« (8,17 f.) Weder durch die beiden Brotvermehrungen noch durch die drei Überfahrten über den See, bei denen sie doch die Macht Jesu erfahren durften, haben sich die Jünger für den Glauben geöffnet. Sie bleiben blind und sind so eine dauernde Mahnung an den Leser, das Evangelium mit offenen Augen und einem bereiten Herzen zu lesen.

Manche Exegeten deuten die Brotvermehrung so, als hätte Jesus die Jünger aufgefordert, ihren Vorrat zu teilen. Doch von Iersel meint zu Recht, das würde »die Erzählung auf die triviale Alltäglichkeit von Menschen, die ihr Butterbrotpaket vergessen haben, herunterbringen«. (Iersel, 156) Es geht nicht um Alltäglichkeit, sondern um etwas Außerordentliches, um die geheime Epiphanie göttlicher Herrlichkeit. Erst wenn das Brot gebrochen wird, können zahllose Menschen davon essen. Das verweist auf den Tod Jesu und auf das letzte Abendmahl, in dem Jesus das Brot bricht, als Gleichnis für seinen Tod. Der Tod Jesu ist für die Menschen die Quelle des Lebens. Da bekommen sie genug zu essen. Da bekommen sie Brot und Fisch, Nahrung für ihren Leib und für ihre Seele.

Die Zahlen in beiden Geschichten sind sicher nicht zufällig. Von fünf Broten werden 5000 Männer satt, und zwölf Körbe werden mit Resten gefüllt. Von sieben Broten werden 4000 Personen satt, und sieben Körbe mit Resten werden aufgesammelt. Fünf ist die Zahl des Menschen. Jesus ist ganz und gar Mensch. Und durch die Begegnung mit Jesus finden die Menschen zu ihrem wahren Wesen. Die zwölf Körbe weisen auf die Gemeinschaft der Kirche und auf die Gemeinschaftsfähigkeit hin. Die Menschen, die in der Begegnung mit Christus ihre Ganzheit entdecken, werden auch fähig, miteinander zu leben und zum neuen Volk Gottes zusammenzuwachsen. Die sieben Brote weisen auf die Verwandlung hin, die durch Christus geschieht. Und die 4000 Personen weisen auf die vier Himmelsrichtungen. Bei der letzten Brotvermehrung heißt es, dass einige von weit her gekommen sind. Dies ist ein Symbol für die Heiden, die von außerhalb Palästinas kommen. Die beiden Brotvermehrungen haben in sich eine innere Dynamik. Die erste gilt den Juden, die durch Jesus zum neuen Israel gesammelt werden. Das wird auch sichtbar in der Lagerordnung. Die Leute sollen sich in Gruppen zu Hundert und Fünfzig lagern. Das entspricht der altisraelitischen Lagerordnung. Die zweite Erzählung gilt auch den Heiden, die aus allen vier Himmelsrichtungen kommen. Sie geschieht im heidnischen Land. Markus will zeigen, dass Jesus das durch ihn kommende Heil immer mehr auch auf die Heiden ausdehnt. So geschieht es in der Heilung des Besessenen von Gerasa und bei der Heilung der Tochter der syrophönizischen Frau.

Bei der ersten Brotvermehrung hat Jesus Mitleid mit den Menschen. Sie sind wie »Schafe, die keinen Hirten haben« (6,34). Damit meint Markus wohl die Juden, die keinen wirklichen Führer haben. Die Lehrer und Führer Israels haben versagt. Aber die Schafe, die keinen Hirten haben, sind auch ein Bild für uns heute. Ohne Hirt sind die Schafe verloren. Sie zerstreuen sich. Jedes geht seiner Wege und ist hilflos den Gefahren ausgesetzt, es findet keine Weide. Jesus gibt den Schafen Orientierung. In seiner Lehre zeigt er ihnen den Sinn ihres Daseins auf und führt sie auf die Weide, damit sie Nahrung finden. Das Wort, das Jesus ihnen verkündet, ist etwas Nährendes. Jesus kümmert sich um die Schafe. Er heilt ihre Krankheiten, und als Hirte gibt er den Schafen eine Richtung. Er lässt die Leute in Gruppen lagern. Das ist für mich ein Bild für eine gesunde und heilende Lebenskultur. Zudem stillt Jesus ihren Hunger. Er gibt ihnen das, was sie wahrhaft nährt und sättigt. Das alles ist Ausdruck seines Mitleids mit den Menschen, das in seinem Tod am Kreuz gipfelt. Da bricht er das eine Brot, das die Jünger bei sich im Boot haben (8,14), um unseren tiefsten Hunger zu stillen.

Bei der zweiten Brotvermehrung hat Jesus wiederum Mitleid. Aber der Grund seines Mitleids ist ein anderer: »Wenn ich sie hungrig nach Hause schicke, werden sie unterwegs zusammenbrechen; denn einige von ihnen sind von weither gekommen.« (8,3) Die Menschen – und hier sind vor allem die Heiden gemeint – werden ohne die Begegnung mit Jesus auf ihrem Weg zusammenbrechen. Sie sind unfähig, ihren Weg alleine zu gehen, und sie brauchen Stärkung für unterwegs. Jesus ist der Sohn Gottes, der uns auf unserem Lebensweg stärkt, indem er sich selbst als Brot gibt. In seinem Tod bricht er für uns das Brot. Es reicht für uns alle. Letztlich verweisen die beiden Brotvermehrungen und die drei Überfahrten mit dem Boot auf den Tod Jesu am Kreuz, in dem Jesus sich selbst für uns hingibt und uns ans andere Ufer fährt, an das Ufer der göttlichen Herrlichkeit.

Die heidnische Frau und ihre Tochter (7,24–30)

Jesus zieht mit seinen Jüngern in heidnisches Gebiet. Dort konnte er sicher sein vor den Häschern des Herodes. Er wollte mit seinen Jüngern allein sein, doch das bleibt nicht verborgen. Eine griechische Frau, eine Heidin, hört von ihm. Sie kommt zu ihm und fällt vor ihm auf die Knie. Auf ihre Bitte, Jesus möge von ihrer Tochter den Dämon austreiben, antwortet Jesus mit einem eigenartigen Wort: »Lasst zuerst die Kinder satt werden; denn es ist nicht recht, das Brot den Kindern wegzunehmen und den Hunden vorzuwerfen.« (7,27) Die Exegeten meinen, Jesus würde seine heilende Kraft nur den Juden zuwenden und nicht den Heiden. Doch die Bitte der heidnischen Frau habe ihn umgestimmt. So sei Jesus bereit gewesen, von Menschen zu lernen, ja sich von einer Frau überzeugen zu lassen, dass auch die Heiden der frohen und Heil schaffenden Botschaft Jesu bedürfen. So kann man die Geschichte sicher auslegen.

Man kann sie aber auch als Beziehungsgeschichte zwischen Mutter und Tochter sehen. Dann steckt im Wort Jesu ein Vorwurf an die Frau, dass sie ihre Tochter nicht satt gemacht hat. Sie hat ihr Brot den Hunden vorgeworfen. Haushunde waren bei den Griechen sehr beliebt. Hunde stehen für alle Vorlieben, die der Frau offensichtlich wichtiger waren als die Tochter. Vielleicht war es ihr Besitz, ihr Aussehen, ihre freie Zeit, ihr Beruf. Jesus fordert die Frau mit seinem Wort auf, ihre Beziehung zur Tochter genauer anzuschauen und sich zu fragen, ob die Tochter wirklich bekommen hat, was sie zum Leben braucht, ob sie ihr die nötige Liebe und Zuwendung geschenkt und ihr gegenüber Verständnis gezeigt hat. Die Frau sah nur, dass ihre Tochter schwierig ist. Da wollte sie zum Therapeuten gehen, damit der sie heile. Doch Jesus zwingt sie, das eigene Verhalten anzuschauen. Vielleicht hat die Schwierigkeit ihrer Tochter mit ihr selbst zu tun. Vielleicht kann die Tochter nicht zu sich kommen, weil die Mutter neben ihr zu mächtig ist. Vielleicht ist die Projektion der Mutter auf die Tochter wie ein Dämon, der sich auf sie gelegt hat und sie am Leben hindert.

Die griechische Mutter sieht ein, dass Jesus recht hat: »Ja, du hast recht, Herr! Aber auch für die Hunde unter dem Tisch fällt etwas von dem Brot ab, das die Kinder essen.« (7,28) Die Frau entwertet sich nicht, indem sie alle Schuld auf sich nimmt. Sie gibt zu, dass ihre Tochter nicht satt geworden ist. Aber sie zieht daraus nun nicht die Folgerung, dass sie nur noch für die Tochter da sein muss. Nein, wenn die Tochter genug zu essen hat, dann bleibt auch für ihre Hunde noch etwas übrig, dann kann sie durchaus auch ihre eigenen Bedürfnisse erfüllen. Sie darf in ihrer Beziehung zur Tochter auch den für sie stimmigen Weg gehen. Sie darf auch für sich selber sorgen. Nur dann wird die Beziehung zur Tochter stimmig. Wenn sie die Tochter vernachlässigt, wird sie krank. Wenn sie alles für die Tochter tut und sie mit Zuwendung überschüttet, tut es ihr auch nicht gut. Nur wenn sie sich selbst ernst nimmt, wird sie die Tochter in ihren Bedürfnissen verstehen und ernst nehmen können. Indem Jesus die Mutter zwingt, ihr eigenes Verhalten und die eigenen Bedürfnisse anzuschauen, löst er die unheilvolle Verstrickung zwischen Mutter und Tochter auf und schafft einen Raum, in dem beide ganz sie selbst sein dürfen. Wenn Mutter und Tochter dies lernen, hat der Dämon keine Macht mehr über sie.

Jesus lobt nicht den Glauben der Frau, sondern ihre Einsicht. Weil sie eingesehen hat, wie die gesunde Beziehung zwischen Mutter und Tochter sein könnte, hat der Dämon die Tochter verlassen. Die Mutter hat in der Begegnung mit Jesus gelernt, ihre eigenen Projektionen und Sorgen der Tochter gegenüber loszulassen und sie frei zu geben, damit sie ganz sie selber sein kann. Ihre Projektionen waren für die Tochter wie ein Dämon, der ihr Denken und Fühlen getrübt und sie am eigenen Leben gehindert hat. Als die Mutter jetzt nach Hause kommt, sieht sie die Tochter auf dem Bett liegen. Sie ist, wie sie ist. Kein Dämon besetzt sie, er ist aus ihr ausgefahren. Die neue Sichtweise der Mutter ermöglicht es auch der Tochter, sich von den Trübungen des Dämons zu befreien und das eigene Leben zu leben.

Die Heilung eines Taubstummen (7,31–37)

Auch die nächste Heilung wirkt Jesus im heidnischen Gebiet der Dekapolis, denn er hat keine Berührungsängste. Drei Heilungen geschehen nach Markus an Heiden und im dortigen Umfeld. Zu Jesus wird zunächst ein Taubstummer gebracht, und man bittet ihn, er möge ihm die Hände auflegen. Die Leute erwarten von der Handauflegung, dass Jesu heilende Kraft dem Kranken helfe. Wenn ich mich in den Menschen hineinfühle, der taubstumm ist, so fällt mir als Erstes ein, dass er keine wirkliche Beziehung zu anderen hat. Wer die Stimme eines anderen nicht hört, wird nie mit seinen Emotionen in Berührung kommen, die sich über die Stimme ausdrücken. Und wenn er nicht sprechen kann, wird es nie ein Gespräch mit einem anderen geben, das ihn mit ihm verbindet und ihm neue Einsichten vermittelt. Vielleicht ist er auch mundtot gemacht worden. Vielleicht konnte er nicht reden, weil man ihm ständig ins Wort gefallen ist und ihn korrigiert hat. Vielleicht hat er die Ohren verschlossen, weil er zuviel Ablehnung und Kritik gehört hat. Er will nichts mehr hören, weil das, was er bisher gehört hat, ihn immer nur verletzt hat.

Jesus heilt den Taubstummen in sechs Schritten. Der erste Schritt besteht darin, dass er ihn beiseite nimmt, weg von der Menge. Therapie braucht immer den Raum der persönlichen Begegnung und den Schutzraum, in dem der Patient sich so zeigen kann, wie er ist. Jesus lässt dem Kranken eine Sonderbehandlung zuteil werden. Er wendet sich ihm ganz und gar zu, damit Vertrauen wachsen kann. Taubstumme sind oft voller Misstrauen, denn sie leben in einer geräuschlosen Welt, können nicht wissen, was die anderen über sie und zu ihnen sagen. Alle weiteren Therapieschritte Jesu wollen dieses Vertrauen stärken, damit sich die Zunge des Stummen lösen und die Ohren sich öffnen können.

Jesus legt dem Tauben die Finger in die Ohren. Dazu fallen mir verschiedene Bilder ein: Jesus legt seine Finger auf die wunde Stelle, damit der Kranke sich mit seiner Wunde aussöhnt. Er verstopft mit seinen Fingern die Ohren, damit er nicht mehr auf das Verletzende und Krankmachende, sondern auf sich selber hört, auf die Sehnsucht in seinem Herzen, auf die eigenen Stimmen im Innern seiner Seele. Die Ohren sind ein sehr sensibler Bereich. Wenn Jesus seine Finger dorthin legt, dann berührt er zärtlich die empfindliche Stelle des Kranken. Er möchte ihm damit sagen: »Bei allen Worten, die du hörst, höre auch die Sehnsucht nach Beziehung heraus! Auch wenn einer dich anbrüllt, möchte er Beziehung zu dir aufnehmen.« Jesus stellt diese intensive Beziehung zum Kranken her, indem er seine Finger in beide Ohren hält und so einen Kreis zwischen sich und dem Kranken bildet. Es entsteht ein Kreislauf der Beziehung und der Liebe, der die Blockaden des Kranken auflösen soll.

Dann berührt Jesus die Zunge des Mannes mit Speichel, der in der Antike als Heilmittel galt. Speichel ist auch etwas Mütterliches. Die Mutter berührt das Kind, das sich verletzt hat und weint, mit Speichel und sagt: »Es ist schon wieder gut.« Man kann sich vorstellen, dass Jesus dem Stummen einen Kuss gibt und ihn dabei mit Speichel berührt. Speichel ist etwas sehr Persönliches und Intimes. Ich gebe dem anderen etwas von meinem Innersten mit. Jesus schafft mit dem Speichel offensichtlich eine Atmosphäre des Vertrauens, in dem sich die Zunge des Stummen lösen kann. Verstummen heißt ja entweder, nichts mehr zu sagen haben, weil keine Beziehung da ist, oder aber nichts mehr sagen können, weil eben kein Vertrauen herrscht, weil man Angst hat, alles könnte falsch ausgelegt werden. Indem Jesus den Stummen mit seinem Speichel berührt, stellt er eine Beziehung der Liebe her, in der Worte hin und her fließen können, in der Vertrauen wächst und in der die Angst vergeht, die Worte könnten missverstanden werden.

»Danach blickte er zum Himmel auf.« (7,34) Das ist einmal ein Bild dafür, dass Jesus Gottes Hilfe in Anspruch nimmt, damit der Kranke gesund wird. Aber es ist auch ein Bild dafür, was Hören und Reden eigentlich meinen. Jesus zeigt mit dieser Geste dem Kranken an, was in jedem wirklichen Gespräch zwischen Menschen geschehen möchte: Da öffnet sich der Himmel über ihnen, und es entsteht Weite. Wenn ich auf den anderen höre und nicht nur auf die Worte, die er sagt, sondern in seiner Stimme den anderen selbst höre, und wenn ich ihm das sage, was in mir ist, dann entsteht Gemeinschaft. Zugleich ist in der Erfahrung wirklicher Gemeinschaft etwas gegenwärtig, was uns Menschen übersteigt. Etwas Göttliches, Transzendentes bricht ein in unser Leben. Augustinus hat das in seinem berühmten Gespräch mit seiner Mutter Monika erfahren, das er kurz vor ihrem Tod geführt hat. Da öffnete sich der Himmel über ihnen, und Gottes Gegenwart war spürbar.

Jesus seufzt. Im Seufzen öffnet er sein Herz für den Kranken. Er lässt ihn in sein Herz eintreten. Erst nach diesen fünf Schritten, in denen Jesus dem Kranken Vertrauen vermittelt und ihm durch seine Gesten zeigt, was das Wesen von Sprechen und Hören ist, sagt Jesus zum Taubstummen: »Effata!« Das heißt: »Öffne dich!« (7,34) Ich habe es öfter schon erlebt, dass Menschen im Gespräch sagen: Es gibt da etwas in mir, über das ich noch nicht sprechen kann. Sie deuten an, was das sein könnte, aber sie trauen sich nicht. Dann spüre ich, dass ich nicht warten darf, bis sie irgendwann einmal von selbst beginnen. Es ist wie ein Angebot, jetzt darüber zu sprechen. Aber sie brauchen dann den Impuls von Außen: »Jetzt sag, was in dir ist! Trau dich! Du hast jetzt angefangen, dich zu öffnen. Wenn du dich wieder verschließt, wirst du nicht mit dir zufrieden sein.« Wer im Gespräch etwas andeutet, es aber sofort wieder zurücknimmt, der braucht den Befehl, dass er sich öffnen soll. Jesu Befehl hat Erfolg: »Sogleich öffneten sich seine Ohren, seine Zunge wurde von ihrer Fessel befreit, und er konnte richtig reden.« (7,45) Im Raum des Vertrauens, den Jesus ihm eröffnete, konnte der Kranke seine Ohren auftun und die Fesseln abstreifen, die seine Zunge am Sprechen hinderten. Jetzt ist er beziehungsfähig geworden. Jetzt kann er richtig sprechen, nicht mehr nur daherreden, sondern Worte sagen, die verbinden, die Leben stiften, die ermutigen. Und er kann richtig hören. Die Menschen, die das Wunder der Heilung miterleben, loben Gott mit einem Wort, das an die Schöpfung erinnert. Dort sah Gott, dass alles, was er geschaffen hat, gut war: »Er hat alles gut gemacht; er macht, dass die Tauben hören und die Stummen sprechen.« (7,37) Jesus wiederholt, was Gott am Anfang der Welt getan hat. Er macht alles gut. Er erfüllt, was das Alte Testament von der Weisheit ausgesagt hat. In Jesus ist Gottes Weisheit in unserer Welt tätig. Die Weisheit nährt den Menschen und öffnet den Mund der

Stummen. (Weisheit 10,21) Die Heiden erkennen, dass Gott selbst in Jesus handelt. Die Juden bleiben dagegen unwissend und verschlossen. In Jesus erfüllt sich die Verheißung, die den Juden gegeben war, dass am Ende der Zeiten die Schöpfung erneuert wird.

Die Heilung eines Blinden bei Betsaida (8,22–26)

Markus schildert uns in allen Einzelheiten, wie Jesus einen Blinden heilt, den ihm die Leute bringen, damit er ihn berührt. Vielleicht sind sie verzweifelt, weil dieser Blinde sich von nichts mehr berühren lässt. Er kann über nichts mehr staunen. Manche Therapieschritte ähneln den Schritten bei der Heilung des Taubstummen. Es sind Heilpraktiken, wie sie auch aus hellenistischen Wundergeschichten bekannt sind. Markus zeichnet Jesus als den wahren Arzt, dessen heilende Kraft den Menschen zum wirklichen Menschsein befreit. Jesus braucht keine Zaubersprüche, wie sie von hellenistischen oder rabbinischen Wundertätern rezitiert wurden. Er heilt allein durch seine Zuwendung und durch die Berührung.

Jesus nimmt den Blinden bei der Hand. Er schafft Beziehung zu ihm, indem er ihm die Hand reicht, und er führt ihn aus dem Dorf hinaus. Vielleicht war der Mann blind, weil er noch nie über den Rand seines Dorfes hinaus gekommen ist, weil er in seinen engen Denkmustern gefangen war (vgl. Fischedick, 248). Doch vor dem Dorf ist Jesus auch allein mit dem Kranken. Er schafft hier für den Blinden einen Schutzraum des Privaten. Er vermeidet eine Demonstration seiner Heilkunst vor den Augen aller. Es braucht das Abseits, die besondere Atmosphäre, in der Heilung geschehen kann. Blindheit hat ja oft etwas damit zu tun, dass ein Mensch die Welt nicht sehen kann, weil sie ihm als feindlich und bedrohlich erscheint. Er macht die Augen zu, weil er es nicht aushält, zu sehen, was dort ist. Da braucht es einen Raum des Vertrauens, der Intimität, damit der Blinde es wagen kann, seine Augen zu öffnen.

Nun bestreicht Jesus die Augen des Blinden mit Speichel und legt seine Hände darauf. Er handelt hier wie ein Arzt, der den Kranken mit einer Heilsalbe einreibt. Er zeigt seine Zuwendung leibhaft. Er spuckt dem Kranken seinen Speichel in die Augen. Dies ist, wie wir bereits oben gesehen haben, eine mütterliche Geste, die Jesus hier am Blinden vollzieht, damit in dem vom Leben erschreckten Menschen Vertrauen wächst. Indem Jesus dem Blinden die Hände auflegt, soll der Speichel in ihn eindringen. Es soll ein Austausch stattfinden zwischen Jesus und ihm. Nachdem Jesus einige Zeit seine Hände auf die geschlossenen Augen gelegt hat, nimmt er sie weg und fragt den Kranken, ob er etwas sehe. »Ich sehe Menschen; denn ich sehe etwas, das wie Bäume aussieht und umhergeht.« (8,24) Die Heilung hat also erst einen Teilerfolg. Der Blinde sieht etwas, aber noch unklar. Die Menschen haben noch kein Gesicht. Er sieht sie nur herumgehen und vergleicht sie mit Bäumen. Sie sind aufrecht wie Bäume, aber noch ohne klare Kontur. Er sieht nicht die Person, das Antlitz der Menschen (prosopon = das, was ich sehe), sondern nur, was sie nach außen hin tun.

Jesus legt dem Blinden nochmals die Hände auf die Augen. Er lässt erneut seine heilende Kraft in die Augen des Blinden strömen. Nun sieht der Mann deutlich. Er blickt durch, wie es im Griechischen genauer heißt. Das Paradox ist, dass der Mann dies tut, während Jesus ihm die Hände auf die Augen hält. Vielleicht ist hier ein inneres Sehen gemeint. Doch zugleich drückt Markus aus, dass die erneute Handauflegung den Kranken auf die eigenen Beine stellt, so dass er mit seinen Augen die Welt anschauen kann und nicht mehr mit der Brille, die andere ihm aufgesetzt haben: »Er war geheilt (wieder hergestellt, aufgestellt) und konnte alles ganz genau sehen.« (8,25) Das griechische Wort heißt eigentlich: »weithin strahlend, sonnenklar«. Der Blinde sieht nun alles klar. Seine Augen haben Teil an der Klarheit der Sonne, die alles beleuchtet. Im Licht Jesu wird ihm alles sichtbar, versteht er alles. Markus hat diese Perikope bewusst vor das Leiden Jesu gestellt. Um dieses verstehen zu können, brauchen wir Augen des Glaubens, brauchen wir Sonnenaugen, die auch im Leiden den Sohn Gottes erkennen. Das gilt ebenfalls für das eigene Leiden. Auch da bedarf es des Sonnenlichtes, um darin Gottes heilende und befreiende Nähe erfahren zu können.

Oft braucht die Therapie längere Zeit, bis der Mensch es wagt, seine Augen wirklich zu öffnen und alles klar zu sehen. Zu Beginn sieht man nur schemenhaft. Diese Situation kenne ich. Ich möchte gar nicht alles genau sehen. Ich blicke nur um mich und sehe Menschen, die umhergehen, aber ich schaue ihnen nicht ins Gesicht. Ich weiche der Begegnung aus. Ich will gar nicht genauer hinschauen, weil ich mich sonst auf den anderen einstellen, mich mit ihm in eine Auseinandersetzung begeben müsste. Dann würde er mein Leben verändern. Der erste Blick, den der Blinde tut, dient nur der Orientierung, aber nicht der Begegnung. Doch wirklich zu sehen vermögen wir erst, wenn wir bereit sind, einem Menschen ins Antlitz zu schauen. Dann verwandelt uns die Begegnung. Wenn ich nur die Umrisse des anderen sehe, dann will ich mich nicht ändern. Ich sehe nur so weit, dass ich meinen eigenen Weg gehen kann. Aber die anderen interessieren mich nicht wirklich. Nur wenn ich den Menschen klar sehe, kann ich ihm begegnen und werde ihm gerecht.

Markus berichtet die Heilung des Blinden am Ende des Wirkens Jesu in Galiläa. Nun zieht Jesus nach Jerusalem hinauf. In den nächsten drei Kapiteln erwähnt er dreimal sein Leiden und sein Sterben in Jerusalem. Doch die Jünger, die ihn begleiten, bleiben blind. Bevor Jesus in Jerusalem einzieht, heilt er nochmals einen Blinden, der ihm auf seinem Weg folgt. Er ist der einzige Jünger, der offenen Auges Jesus nachfolgt. Zwischen den beiden Blindenheilungen belehrt Jesus auf dem Weg nach Jerusalem seine Jünger. Er möchte ihnen die Augen öffnen für das Geheimnis seines eigenen Weges, der über das Kreuz zur Auferstehung führt, aber auch für ihren eigenen Weg, auf dem sie die gleichen Erfahrungen machen werden. Durch diese Sandwich-Konstruktion zeigt Markus, wie er die Jüngerbelehrung Jesu versteht: durch Worte die Augen öffnen für die Wirklichkeit. Das ist der Sinn aller Schriftmeditation: dass wir uns so in die Worte Jesu hineinmeditieren, dass sich unsere Augen öffnen und wir das Geheimnis Gottes und unseres eigenen Menschseins erkennen.

Den Jüngern bleiben die Augen verschlossen bis zur Auferstehung. Beim Tod Jesu wird der heidnische Hauptmann in Jesus Gottes Sohn sehen. Später werden es die Frauen sein, die dem Engel im Grab begegnen. Sie sollen den Jüngern verkünden, dass sie Jesus in Galiläa sehen werden. So lädt uns die Blindenheilung ein, in Etappen unsere Augen zu öffnen, damit wir mehr und mehr das Geheimnis von Tod und Auferstehung Jesu begreifen und mit offenen Augen erkennen, was Jesus an uns getan hat. Die erste Blindenheilung fordert uns heraus, auf unserem Weg, den wir mit Jesus gehen, zu verstehen, wer dieser Jesus ist. Er, der vor uns hergeht und uns einweist in das Geheimnis des Lebens, ist zugleich der, der für uns sterben und in seinem Tod die Macht der Finsternis besiegen wird. Er geht jetzt als der Auferstandene mit uns auf unserem Lebensweg.

Die drei Leidensankündigungen (8,31–33; 9,30–32; 10,32–34)

Im zweiten großen Abschnitt des Markusevangeliums (8,27–10,52) ist Jesus auf dem Weg nach Jerusalem. Er ist nun nicht mehr der Heiler, der große Krafttaten vollbringt, sondern der Lehrer, der die Jünger unterweist. Er belehrt die Jünger über sein eigenes Schicksal und das Geheimnis seiner Person, aber auch über ihren Weg der Nachfolge. Der ganze Abschnitt ist gegliedert durch drei Ankündigungen seines Leidens und seiner Auferstehung. In diesen drei Voraussagen geht es Jesus einmal um das Geheimnis seiner Person, zum anderen aber auch um das richtige Verständnis christlicher Existenz.

Die erste Leidensankündigung hat Markus mit dem Messiasbekenntnis des Petrus verknüpft (8,27–30). Er will dadurch zeigen, wie wir Jesus als Messias verstehen sollen. Jesus, den Gott gesandt hat, um in Vollmacht von ihm zu reden und die Menschen von der Macht der Dämonen zu befreien, fällt nun selbst in die Hände des Bösen und wird von den Mächten des Bösen vernichtet. Aber gerade dadurch überwindet er das Böse an seiner Wurzel. Mit den drei Leidensweissagungen entfaltet Markus, wie er Jesu Lehre in Vollmacht versteht, dass die Vollmacht sich in die Ohnmacht verliert und sich gerade darin als Vollmacht erweist. Jesus muss viel leiden. (8,31) Man könnte das auch im Hinblick auf Jesaja 53,4 übersetzen: Er muss alles tragen. Es ist der Wille Gottes, dass er stellvertretend für die Menschen ihr Schicksal trägt und dadurch heilt. Dann zählt Markus die Gruppen auf, die für Jesu Tod verantwortlich sind. Er wird verworfen »von den Ältesten, den Hohenpriestern und den Schriftgelehrten« (8,31). Die Ältesten bezeichnen die Vertreter des Laienadels. Die Hohenpriester repräsentieren die gesamte jüdische Priesterschaft. Und die Schriftgelehrten sind die jüdischen Gelehrten. Die Pharisäer werden hier nicht genannt. Sie sind zwar in der Auseinandersetzung oft Jesu Gegner, sind Diskussionspartner, die ihm dabei helfen, seine eigene Position klar zu benennen. Aber sie sind nicht Gegner, die Jesus vernichten wollen. Von diesen drei Gruppen wird Jesus verworfen. Das griechische Wort könnte auch »verachten« heißen. Dann würde es sich wieder auf das Lied vom Gottesknecht in Jesaja 53,3 beziehen. Dass Jesus viel leiden muss, drückt Gottes Heilsabsicht aus. Dass er verachtet wird, beschreibt das Schicksal, das die Menschen ihm bereiten (vgl. Grundmann, 219). Jesus erfüllt die Sehnsucht des jüdischen Volkes, dass »einst ein Knecht Gottes aufstehen wird, der unsere Krankheit trägt, unsere Schmerzen auf sich lädt und durch dessen Wunden wir geheilt werden« (vgl. Jes 53,1–12).

Die anderen beiden Leidensweissagungen wiederholen in fast gleichen Worten die erste Ankündigung. Und dennoch bringen sie jeweils einen neuen Akzent. In 9,31 spricht Jesus davon, dass der Menschensohn in die Hände der Menschen ausgeliefert wird (9,31). Es ist ein Rätselwort, das mit einem Wortspiel arbeitet: Sohn des Menschen – Hände des Menschen. Das Rätsel besteht darin, dass Gott selbst den Menschensohn ausliefert und preisgibt. Jesus wird dem Gottesrätsel ausgesetzt, dass er, der in der Vollmacht Gottes für die Menschen eintritt, in die Hände der Menschen gerät. Hier wird das Geheimnis Gottes sichtbar, das uns zunächst unverständlich bleibt und unsere Gottesbilder zerbricht. Erst das Evangelium wird zeigen, dass es der Gott ist, der das Heil der Menschen will und der seinen Sohn, den er preisgibt, am Kreuz erhöhen wird und zu seiner Rechten thronen lässt.

Die dritte Leidensankündigung ist die ausführlichste. Da schildert uns Markus schon zuvor die Situation, in die Jesus seine Worte hineinspricht. Er ist auf dem Weg nach Jerusalem und geht entschlossen seinem Leiden entgegen. »Die Leute wunderten sich über ihn, die Jünger aber hatten Angst.« (10,32) Das griechische Wort für »wundern« heißt auch »erschrecken«. Jesu Weg nach Jerusalem löst also Schrecken und Angst aus bei den Begleitern. Die Menschen spüren, dass da etwas geschieht, was ihr Selbstbild und ihr Gottesbild völlig über den Haufen wirft. Dann wiederholt Jesus, was ihm geschehen wird. Gegenüber den ersten beiden Ankündigungen wird nun klar, in wessen Hände er ausgeliefert wird: Es sind die Hände der Hohenpriester und Schriftgelehrten, die ihn den Römern übergeben werden. Die Heiden, also die Römer, »werden ihn verspotten, anspucken, geißeln und töten« (10,34). Hier wird das »verachten« aus der zweiten Leidensweissagung entfaltet. Die tiefste Verachtung eines Menschen drückt sich darin aus, dass ich ihn lächerlich mache. Dagegen kann sich niemand wehren. Wenn ich jemanden verspotte, verletze ich nicht seinen Leib, sondern seine Seele. Und diese Verletzung geht tiefer. Jemand anspucken heißt, ihn als den »letzten Dreck« behandeln, ihm seine menschliche Würde nehmen. Geißeln ist in der Antike immer mit der Kreuzigung verbunden. So beschreiben die beiden Worte »geißeln und töten« die Kreuzigung, die schlimmste und schändlichste Todesstrafe, die die Römer kannten. Aber Jesus wird am Kreuz nicht vernichtet und in seiner Würde zerstört. Er wird nicht im Tod bleiben, sondern am dritten Tag auferstehen.

Interessant sind jeweils die Reaktionen der Jünger auf die drei Leidensankündigungen Jesu. Beim ersten Mal macht ihm Petrus bittere Vorwürfe. Er will Jesus von seinem Leidensweg abhalten. Markus bezeichnet sowohl die Reaktion des Petrus wie die Jesu als »epitiman = anfahren, tadeln, Vorhalte machen, ernstlich zureden, schelten«. Petrus denkt in den Vorstellungen der Menschen. Er hat keine Ahnung vom Willen Gottes. Daher nennt Jesus ihn einen Satan, der ihm aus den Augen gehen soll (8,33). Nun belehrt Jesus seine Jünger, aber auch alle, die ihm einmal nachfolgen wollen, über den Ernst der Nachfolge: »Wer mein Jünger sein will, der verleugne sich selbst, nehme sein Kreuz auf sich und folge mir nach. Denn wer sein Leben retten will, wird es verlieren; wer aber sein Leben um meinet Willen und um des Evangeliums Willen verliert, wird es retten.« (8,34 f.) Die Exegeten haben diese Worte Jesu verschieden interpretiert. Am plausibelsten erscheint mir die Erklärung, dass verleugnen und bekennen zusammengehören. Sich selbst verleugnen heißt dann, Abstand nehmen von eigenen Interessen, sich nicht selbst bekennen, sondern Gott, der ganz anders ist als unsere Vorstellungen von ihm. Bei manchen Predigern hat man den Eindruck, dass sie zwar viel von Gott reden, aber eigentlich nur sich selbst predigen. Sie benutzen Gott, um ihr Selbstbild aufzublähen. Nur wer seinem eigenen Selbstbild eine Absage erteilt, wer dem nur um sich kreisenden Ich widerspricht, ist fähig, sich ungeteilt zum Gott Jesu zu bekennen. Rudolf Pesch stimmt der Auslegung von E. Dinkler zu, der das Kreuz als Bekenntniszeichen deutet und zwar auf dem Hintergrund von Ezechiel 9,4–6. Dort soll denen, die sich zu Jahwe bekennen, das Tau auf die Stirn gezeichnet werden. Es ist ein Bekenntniszeichen. Wer Jesus nachfolgen will, soll sich radikal zu dem Gott bekennen, der die Toten lebendig macht. Aber zugleich ist es ein Schutzzeichen. Wer das Tau auf der Stirn trägt, wird vor dem Tod bewahrt. So versteht die frühe Kirche das Kreuz sowohl als Zeichen für das bedingungslose Bekenntnis zu Jesus Christus und dem Gott, den er verkündet hat, als auch als Schutzzeichen.

Das interpretiert das nächste Wort: Wer sich zu Gott bekennt, der gewinnt sein Leben. Wer jedoch sich selbst, seine Bedürfnisse und seine Illusionen von sich und seinem Leben in den Mittelpunkt stellt, der verliert sein Leben. So deutet Jesus den Nachfolgeweg seiner Jünger vom Kreuz her. Dort entscheidet sich, ob wir an uns und unserem Selbstbild und Gottesbild festhalten oder ob wir uns einlassen auf den Gott Jesu Christi, der uns wahres Leben schenkt, wenn wir unser vordergründiges Leben loslassen.

Nach der zweiten Leidensankündigung sprechen die Jünger darüber, »wer von ihnen der Größte sei«. (9,34) Größer kann das Missverständnis von Jesu Worten über seine Auslieferung in die Hände der Menschen nicht sein. Jesus wird preisgegeben, die Jünger wollen sich im Reich Gottes möglichst viel herausnehmen. Jesus wird erniedrigt, die Jünger träumen von ihrer Größe. Während es nach der ersten Leidensankündigung um das richtige Verständnis von Nachfolge und das Bekenntnis zum Gott Jesu geht, kreisen die Gespräche nun um das Miteinander in der Gemeinde Jesu, in der Kirche. Das Verständnis von Jesu Tod und Auferstehung hat Konsequenzen für das Verhältnis der Jünger untereinander. Sie sollen nicht darum kreisen, wer von ihnen bedeutender und größer ist. Es geht nicht um eine Rangordnung, sondern um den Dienst. Jesus demonstriert das, indem er ein Kind in ihre Mitte stellt und es umarmt: »Wer ein solches Kind um meinet Willen aufnimmt, der nimmt mich auf; wer aber mich aufnimmt, der nimmt nicht nur mich auf, sondern den, der mich gesandt hat.« (9,37) Die Jünger sind nicht für sich selber da. Sie sollen einander dienen. Und sie sollen ihren Dienst gerade »armen und hilfsbedürftigen Kindern« (Pesch 2,107) erweisen. Vermutlich hat Jesus hier die »Aufnahme schutzloser Kinder in die Häuser«, die Sorge für »Waisenkinder und arme Kinder« (ebd., 106) im Blick. Am Kreuz entscheidet sich das Selbstverständnis der Kirche. Sie soll den Armen und Hilflosen dienen und sich nicht selbstgerecht auf das eigene Recht berufen. Sie soll offen sein für die, die nicht zu ihr gehören, aber im Namen Jesu Dämonen austreiben. (9,38–41) Das Kreuz, an dem Jesus für die ganze Welt stirbt, ist für Markus ein Bild für die Toleranz, die die Kirche allen Menschen gegenüber aufbringen soll. Statt den Alleinvertretungsanspruch für sich zu reservieren, soll sie vertrauen, dass auch andere Menschen das Geheimnis Jesu und seines Gottes verstehen und auf ihre Weise dafür Zeugnis ablegen. Das Kreuz will die Enge kirchlicher Kleinkariertheit aufbrechen und das Herz weiten für die Liebe Gottes, die allen Menschen gilt.

Die Szene mit dem Kind kann man noch anders verstehen: Wir sollen Jesus aufnehmen wie ein Kind, ihn nicht missbrauchen, um unsere eigene Größe zu mehren, sondern uns zu ihm hinabbeugen und ihn umarmen wie ein Kind. Es braucht ein zärtliches Herz, um das Geheimnis Jesu zu verstehen und in sich aufzunehmen. Wir müssen mit dem Kind in uns in Berührung kommen, um angemessen mit einem Kind umzugehen. So braucht es auch das kindliche Herz, das offen ist für die Liebe und das noch zu staunen vermag, um Jesus zu begegnen. Mit der Botschaft Jesu können wir uns in der Welt nicht brüsten. Viele Menschen werden uns als Kinder abtun, weil wir in der Welt des Erfolgs und der Konkurrenz noch an die reine Liebe glauben, weil wir auf diesen Jesus setzen, der den Weg des Scheiterns geht und von den Mächtigen verworfen wird.

Nach der dritten Leidensankündigung folgt das Gespräch über die Vorrangstellung der beiden Zebedäussöhne. Auch hier zeigt Markus, dass die Jünger Jesu Weg nach Jerusalem, seinen Tod und seine Auferstehung gründlich missverstehen. Es geht ihnen nur um sich, um die eigenen Vorstellungen von ihrem Weg (8,32), um die eigene Größe innerhalb der Gemeinde (9,34) und um die Vorrangstellung gegenüber anderen (10,37). Sie kreisen immer nur um die eigenen Bedürfnisse, um das eigene Leben, die eigene Größe, die eigene Macht. Das Kreuz ist jedoch gerade das Gegenteil: die Hingabe des Lebens, sich Gott überlassen, sich loslassen, sich auf Gottes Willen einlassen. Nur so gelingt wahres Leben.

Die Heilung eines besessenen Jungen (9,14–29)

Jesus heilt hier einen jungen Mann, der immer wieder von Anfällen heimgesucht wird. Auf den ersten Blick zeigt der besessene Junge die typischen Symptome eines Epileptikers. Doch wenn wir die Geschichte als Heilung eines epileptischen Jungen verstehen, hat sie uns wenig zu sagen. Interessanter wird sie, wenn wir die Schilderung, die Markus uns vom Kranken gibt, als Bild für unseren inneren Zustand gelten lassen, und wenn wir die Heilung des Jungen auch als Heilung der Beziehung zwischen Vater und Sohn sehen.

Der Junge hat einen stummen Geist, der ihn oft zu Boden wirft. Dann tritt ihm Schaum vor den Mund, und er knirscht mit den Zähnen. Wir sagen: Er schäumt vor Wut. Es ist offensichtlich ein junger Mann, der eine heftige Wut in sich hat. Er kann sie aber nicht angemessen nach außen zeigen, nicht darüber sprechen. Vielleicht war zwischen Vater und Sohn kein Raum des Vertrauens, in dem der Sohn über seine Aggressionen reden oder in dem er sie dem Vater gegenüber ausdrücken konnte. So hat er sie unterdrückt. Nun agiert er sie leibhaft aus. Es ist nicht nur die Wut gegen sich selbst, sondern auch gegen den Vater, denn der Anfall ist letztlich ein aggressiver Akt ihm gegenüber. Nonverbal möchte der Junge dem Vater zeigen, dass er ihn am liebsten zerreißen und mit den Zähnen zermahlen möchte.

Der Vater hat seinen Sohn den Jüngern gebracht, dass

sie ihn heilen, aber sie vermögen es nicht. Offensichtlich sind sie unfähig, sich auf ihn einzulassen. Jesus ist enttäuscht über seine Jünger. Alles, was er sie gelehrt hat, scheint nicht zu fruchten. So lässt er sich den Jungen bringen, damit er ihn selbst sehe und heile. Als der Geist, der den Jungen besetzt hält, Jesus sieht, «zerrte er den Jungen hin und her, so dass er hinfiel und sich mit Schaum vor dem Mund auf dem Boden wälzte.« (9,20) Der Geist spürt offensichtlich die klare Kraft Jesu. So meldet er sich zu Wort, indem er den Jungen hin und her wirft. Jesus agiert nicht kopflos wie die Jünger, die meinen, sie müssten den Jungen vor dem Anfall schützen. Er macht eine ganz nüchterne Anamnese. Er fragt den Vater, wie lange er das schon habe. Der erzählt ihm die Krankengeschichte seines Sohnes, unter der er selbst genauso leidet wie der Sohn. Von Kind an hat der Geist den Sohn oft ins Feuer oder Wasser geworfen. Feuer ist Bild für die Leidenschaft und Sexualität. Offensichtlich hat der Sohn nicht nur seine Aggressionen, sondern auch seine Sexualität verdrängt. So ist sie für ihn wie ein Dämon geworden, der ihn immer wieder überfällt und ihn in seine Gewalt bringt. Wasser ist ein Bild für das Unbewusste. Weil der Sohn weder über seine Aggression noch über seine Sexualität reden konnte, ist sein Unbewusstes von aggressiven und sexuellen Impulsen überschwemmt. Er kann das Unbewusste nicht als Quelle der Lebenserneuerung erfahren, sondern als Überschwemmung, als ein Wasser, in dem er unterzugehen droht.

Nach der Schilderung der Krankheit bittet der Vater Jesus: »Doch wenn du kannst, hilf uns; hab Mitleid mit uns!« (9,22) In diesem Wort drückt der Vater sein abgrundtiefes Leiden am Sohn aus. Und er vertraut auf Jesus, dass er seinen Sohn heilen kann. Doch dieser konfrontiert ihn mit sich selbst: »Wenn du kannst? Alles kann, wer glaubt.« (9,23) Dass der Sohn krank ist, ist nicht nur sein eigenes Problem, das ist nicht nur Sache eines Dämons, der von irgendwo her angeflogen kam. Es hängt auch mit dem Unglauben des Vaters zusammen, der nicht an den Sohn geglaubt hat. Daher konnte der Sohn nicht über sich sprechen. Er konnte sich dem Vater nicht so zeigen, wie er ist. Er musste sein Inneres vor ihm verstecken. Daher hat alles, was er vor dem Vater verborgen hat, ihn in der Krankheit wieder eingeholt: seine Aggression und seine Sexualität.

Der Vater lässt sich auf die Therapie ein, die Jesus ihm zu Teil werden lässt. Er sieht ein, dass er nicht an den Sohn geglaubt hat. Er wollte es und konnte es einfach nicht. So bittet er Jesus: »Ich glaube; hilf meinem Unglauben!« (9,24) Er gibt zu, dass er selbst der Hilfe Jesu bedarf. Dieser soll ihm helfen, an den Sohn zu glauben. Er möchte es von ganzem Herzen, aber er weiß noch nicht, wie das geht. Allein diese Einsicht jedoch verwandelt schon die Beziehung zum Sohn.

Nun wendet sich Jesus dem Sohn zu, denn es geht nicht darum, dem Vater die Schuld am Zustand des Sohnes zuzuschieben. Der Sohn hat sich auch mit seiner Rolle abgefunden. Er gefällt sich vielleicht darin. Denn so hat er Macht über den Vater. Er macht ihn hilflos. Jesus tritt dem Sohn bzw. dem Dämon, der den Sohn besetzt hält, voller Kraft entgegen: »Ich befehle dir, du stummer und tauber Geist: Verlass ihn, und kehre nicht mehr in ihn zurück!« (9,25) Der Sohn muss sich distanzieren von seinem Lebensmuster, mit dem er sich arrangiert hat. Er muss sein Spiel lassen, mit dem er Macht über den Vater ausübt. Doch das ist ein schmerzlicher Prozess. Denn so sehr der Sohn unter seinen Anfällen gelitten hat, so sehr hat er sie auch genossen als Machtmittel über den Vater. Markus schildert diese innere Distanzierung des Sohnes als harten Kampf. Der Geist zerrt den Jungen nochmals hin und her und verlässt ihn unter lautem

Geschrei. Der Sohn liegt da wie tot. Er muss seine alte Identität aufgeben. Und er muss all das herausschreien, was sich da in ihm eingenistet hat an Bitterkeit und Wut. Wenn er es herausschreit, dann kann er es auch lassen. Jesus fasst den Jungen an der Hand und richtet ihn auf. Er feiert mit ihm Auferstehung. Jetzt steht er auf eigenen Füßen.

Markus erzählt uns die Heilung des besessenen Jungen im Anschluss an die Szene, in der Jesus vor den Augen der Jünger verklärt wird. Hier kommt er in seine eigentliche Gestalt. Es wird sichtbar, wer er eigentlich ist: Gottes geliebter Sohn, in dem Gottes Herrlichkeit aufleuchtet. Unmittelbar nach dieser intensiven Erfahrung von Jesu wahrem Wesen schildert Markus einen jungen Mann, der an seiner Vaterbeziehung leidet und dessen Schönheit und Würde durch die epileptischen Anfälle entstellt werden. Jesus stellt seine Würde wieder her, sodass auch in ihm Gottes Herrlichkeit aufleuchtet. Er zeigt zudem, dass der Junge nicht nur Sohn seines leiblichen Vaters, sondern Gottes geliebter Sohn ist. Wenn Menschen in unheilvolle Beziehungen verstrickt sind, sind sie in der Macht der Dämonen. Die Jünger können den Dämon nicht austreiben. Jesus sagt ihnen: »Diese Art kann nur durch Gebet ausgetrieben werden.« (9,29) Nur wenn wir im Gebet erfahren, dass wir Gottes geliebte Söhne und Töchter sind, werden wir frei von dämonischen Bindungen, und Gottes Herrlichkeit kann auch in uns aufleuchten.

Vom Sinn der Ehe (10,2–12)

Im 10. Kapitel unterweist Jesus die Jünger in grundsätzlichen Dingen. Diese sind zum einen das Thema der Ehe und Ehescheidung und der Kinder (10,2–16), dann das

Thema Reichtum und Herrschen und Dienen. Bei all diesen Themen geht es darum, wie und in welcher inneren Haltung wir als Christen Jesus nachfolgen sollen.

Die Perikope von der Ehescheidung hat vor allem im katholischen Bereich vielen Eheleuten Angst gemacht. Geschiedene und Wiederverheiratete leiden an diesem Text. Er ist ihnen von der katholischen Kirche oft in einer Weise ausgelegt worden, dass sie sich von Gott ausgeschlossen fühlen. Sie hören in den Worten Jesu die Härte mancher Kirchenmänner heraus. Doch was ist der wirkliche Sinn der Worte Jesu?

Die Pharisäer wollen Jesus eine Falle stellen. Daher ist ihre Frage eigentlich eine Scheinfrage. In Israel war es unbestritten, dass ein Mann seine Frau entlassen darf. Strittig war nur die Frage des Grundes, ob ihre Untreue oder ob schon ein angebranntes Essen dafür genügte. Während bei Matthäus die Pharisäer fragen, ob »man seine Frau aus jedem beliebigen Grund aus der Ehe entlassen« (Mt 19,3) dürfe, geht es bei Markus um die Möglichkeit der Ehescheidung überhaupt. Jesus beantwortet die Frage seiner Gegner nicht. Er lässt sich nicht auf die Ebene ihrer Fragestellung ein, sondern stellt ihnen eine Gegenfrage: »Was hat euch Mose vorgeschrieben?« (10,3) Er verweist sie auf die Heilige Schrift und ihre Gebote. Die Pharisäer sprechen zweimal von der Erlaubnis. Es geht ihnen darum, möglichst viel für sich herauszuschlagen. Sie stellen sich nicht der Situation der Ehe, sondern wollen eine Erlaubnis haben für ihr Verhalten. Anstatt sich in Frage zu stellen, suchen sie nach einem Grund der Selbstrechtfertigung. Jesus spricht nicht von Erlaubnis, sondern vom Gebot. Es geht um den Willen Gottes. Der liegt aber auf einer tieferen Ebene als auf der des Gebotes.

Jesus fragt nach dem grundsätzlichen Willen Gottes für Mann und Frau in der Ehe. Es geht ihm darum, was dem Wesen des Menschen entspricht. Was tut dem Menschen wirklich gut? Was lässt Mann und Frau zutiefst miteinander eins werden?

Jesus verweist auf die ursprüngliche Absicht Gottes mit Mann und Frau: »Am Anfang der Schöpfung aber hat Gott sie als Mann und Frau geschaffen. Darum wird der Mann Vater und Mutter verlassen, und die zwei werden ein Fleisch sein. Sie sind also nicht mehr zwei, sondern eins. Was aber Gott verbunden hat, das darf der Mensch nicht trennen.« (10,6–9) Jesus stellt hier kein Gebot auf, sondern er zeigt, dass Gott Mann und Frau als sein Ebenbild und dass er sie füreinander geschaffen hat. Das Ziel der Schöpfung ist, dass Mann und Frau miteinander eins werden. Es ist ein Geschenk Gottes an den Menschen, dass Mann und Frau in der ehelichen Liebe Anteil haben am Einssein Gottes. In ihrem körperlichen Einssein erfahren sie das Ziel der ganzen Schöpfung, dass sie mit Gott eins ist. Doch die körperliche Einheit verlangt nach einem geistigen Einswerden, nach einem Sichergänzen auf dem Weg der Menschwerdung. Weil das so ist, darf der Mensch nicht auseinanderdividieren, was Gott verbunden hat. Das ist aber kein Gebot. Es bezieht sich vielmehr auf den Sinn der Ehe. Was eins geworden ist, soll eins bleiben. Das ist die tiefste Sehnsucht des Menschen.

Dass diese Einheit aber in der Realität dieser Welt nicht immer durchzuhalten ist, dass es immer wieder Scheidungen gibt, steht auf einer anderen Ebene. Darauf bezieht sich Jesus nicht. Auch als die Jünger ihn befragen, gibt er ihnen keine gesetzliche Vorschrift, sondern er stellt nur fest: »Wer seine Frau aus der Ehe entlässt und eine andere heiratet, begeht ihr gegenüber Ehebruch. Auch eine Frau begeht Ehebruch, wenn sie ihren Mann aus der Ehe entlässt und einen anderen heiratet.« (10,11 f.) Jesus stellt hier Mann und Frau auf die gleiche Ebene. Bei den Juden konnte nur der Mann die Frau entlassen, aber nicht umgekehrt. Markus bezieht die römische Rechtsordnung mit ein, in der auch die Frau den Mann entlassen konnte. Doch Jesus lässt sich nicht auf eine rechtliche Diskussion ein. Er stellt nur fest, dass die Entlassung des Mannes oder der Frau gegen den Sinn der Ehe verstößt. Aber er spricht nicht in den Kategorien von Sünde und Schuld, von verboten und erlaubt. Sein Wort hat auch heute noch Gültigkeit. Wer aus irgendeinem Grund das Scheitern seiner Ehe erlebt hat, weiß darum, dass er die Ehe nicht einfach wie einen Beruf wechseln kann. Es ist etwas zerbrochen. Das, was er ursprünglich intendiert hat, ist nicht gelungen. Und dieses Misslingen hat in irgendeiner Weise auch mit Schuld zu tun. Aber das heißt noch lange nicht, dass die Geschiedenen deshalb nie wieder heiraten dürfen oder dass sie deshalb außerhalb des göttlichen Wohlwollens stehen. Sie müssen für sich nur eingestehen, dass sich für sie der Sinn der Ehe nicht erfüllt hat. Sie haben ihr Ziel verfehlt. Und das ist der tiefste Sinn von Schuld: das Ziel verfehlen. Doch Schuld kann vergeben werden. Jesu Worte haben nichts mit der kirchlichen Praxis zu tun, dass die Geschiedenen nicht wieder heiraten dürfen. Das liegt auf einer anderen, auf einer kirchenrechtlichen Ebene. Diese Ebene hat Jesus nicht im Blick.

Die Antwort, die Jesus auf seinem Weg nach Jerusalem seinen Jüngern gibt, verweist die Leser auf das Kreuz. Da wird sein Lebensentwurf zerbrechen, so wie bei manchen die Ehe zerbrochen ist. Doch – das ist die Frohe Botschaft des Markusevangeliums – der am Kreuz zerbrochene Jesus wird von Gott auferweckt. Er wird zu neuem Leben auferstehen. So macht Markus, indem er die Perikope von der Ehescheidung in die Jüngerunterweisung auf dem Weg zum Kreuz hineinstellt, den Lesern Hoffnung, dass auch ihr Scheitern einen neuen Anfang in sich birgt und dass sie mit Jesus aufstehen können zu neuer Liebe und Lebendigkeit.

Vom Sinn des Reichtums (10,17–31)

Die Geschichte vom reichen Jüngling rief damals bei den Jüngern Angst hervor. Sie ist auch für viele heutige Leser ein Stein des Anstoßes, weil sie von uns zu verlangen scheint, alles, was wir besitzen, zu verkaufen, um Jesus nachfolgen zu können. Doch Markus will mit dieser Erzählung keine Norm aufstellen, wie viel wir besitzen dürfen und was wir verkaufen sollen. Vielmehr möchte er an der persönlichen Begegnung eines jungen Mannes mit Jesus zeigen, wie die Jünger auf dem Weg der Nachfolge sich innerlich von aller Anhänglichkeit befreien müssen. Der junge Mann lebt korrekt. Er erfüllt alle Gebote. Jesus sieht diesen jungen Mann an und gewinnt ihn lieb. Er erkennt, dass er noch zu Anderem berufen ist, als nur die Gebote Gottes zu halten. »Eines fehlt dir noch: Geh, verkaufe, was du hast, gib das Geld den Armen, und du wirst einen bleibenden Schatz im Himmel haben; dann komm und folge mir nach!« (10,21) Jesus spürt, dass in diesem jungen Mann noch mehr steckt. Er möchte das, was in ihm steckt, hervorlocken. Er möchte ihn mit seiner Herausforderung fördern.

Das Verkaufen des Besitzes ist nicht Norm für jeden, der Jesus nachfolgen will. Jesus möchte vielmehr diesen Mann auf den Weg rufen, auf dem er seine wahren Möglichkeiten und Fähigkeiten verwirklichen kann. Der Reiche wäre wahrhaft frei, wenn er seinen Besitz verkaufen würde. Für andere, die Jesus nachfolgen, ist es nicht der Besitz, von dem sie sich trennen müssen, sondern vielleicht der eigene Erfolg, das eigene Gottesbild, das eigene Selbstbild, die Vorstellungen, die sie sich vom Leben gemacht haben, ihre Gewohnheiten, ihre Beziehungen. Wer diese Geschichte von der Begegnung Jesu mit dem jungen Mann liest, soll sich von Jesus anschauen lassen. Wenn ich mit all dem, was ich besitze, zu Jesus komme und ihm mein Herz hinhalte, dann werde ich erkennen, was mich am Leben hindert. Woran klammere ich mich fest? Manchmal ist es ein Lebensmuster, das mich zwar beeinträchtigt, an dem ich aber trotzdem festhalte, weil ich weiß, was ich habe. Wenn ich es lassen würde, wüsste ich nicht, was kommt. Das Unbekannte macht Angst. Doch die Angst bindet mich und hindert mich an der Freiheit. Bei dem jungen Mann war die Angst größer als die Sehnsucht nach dem ewigen Leben, nach wirklichem Leben. So geht er traurig weg. Die Geschichte will mich mahnen, nicht traurig wegzugehen, sondern mich von dem zu lösen, was mich bindet. Dann werde ich in der Nachfolge Jesu Freiheit und Weite erfahren.

Obwohl die Jünger Jesu nicht sehr reich waren, sind sie bestürzt über seine Worte, dass die, die viel besitzen, nur schwer in das Reich Gottes kommen. Jesus reagiert auf ihre Bestürzung, indem er sie noch mehr provoziert: »Eher geht ein Kamel durch ein Nadelöhr, als dass ein Reicher in das Reich Gottes gelangt.« (10,25) Jesus will mit diesem schockierenden Wort nicht den Reichtum an sich verdammen, denn der ist nicht in sich schlecht. Er stammt ja von Gott. Gott ist reich und schenkt uns Anteil an seinem göttlichen Reichtum. Doch der Reichtum trägt in sich die Gefahr, dass wir uns mit ihm identifizieren und dass wir uns dahinter verstecken. Dann dient der Besitz dazu, unsere Maske zu verstärken. Er hindert uns daran, zu unserem wahren Selbst zu gelangen. Wir können unser mangelndes Selbstwertgefühl damit ausgleichen, dass wir möglichst viel Besitztümer ansammeln. Doch unser Selbst bleibt in der Entwicklung stecken. Wir gehen nicht weiter auf unserem Weg, sondern erstarren innerlich. Besitz kann besessen machen. Wir werden dann von der Gier bestimmt, immer mehr an uns zu raffen. Wir können nie genug haben. Wer so vom Reichtum bestimmt wird, ist unfähig, in das Reich Gottes zu gelangen. Denn er weigert sich, sich von Gott bestimmen zu lassen. Er huldigt einem anderen Herrn.

Als die Jünger über diese radikale Haltung Jesu zum Reichtum erschrecken, zeigt ihnen Jesus einen anderen Weg auf: »Für Menschen ist das unmöglich, aber nicht für Gott; denn für Gott ist alles möglich.« (10,27) Gott kann selbst das Herz des Reichen noch erreichen und es für das Reich Gottes öffnen. Auch der, der sich an seinen Besitz bindet, kann durch ein erschütterndes Erlebnis auf einmal frei werden von seiner Bindung. Plötzlich geht es ihm auf, dass es noch andere Werte gibt, dass das Ziel seines Lebens nicht im Reichtum liegt, sondern darin, in das Reich Gottes einzugehen, in Gott reich zu werden, von Gott bestimmt und geformt zu werden.

Auf das Wort Jesu vom Reichtum antwortet Petrus recht großspurig, dass er und die Jünger doch alles verlassen hätten. Jesus verheißt denen, die alles verlassen haben, dass sie hier schon alles hundertfach erhalten werden. Die Jünger haben ihre Familien und ihren Besitz verlassen, um mit Jesus durch das Land zu wandern und nach seinem Tod und seiner Auferstehung die Frohe Botschaft überall zu verkünden. Für mich heißt das Haus zu verlassen, immer wieder das loszulassen, wo ich mich häuslich eingerichtet habe, wo ich mich wohl fühle. Ich kann mir hier keine endgültige Heimat schaffen. Nur wenn ich das äußere Zuhause loslasse, kann ich in Gott Heimat finden. Und dann werde ich überall daheim sein können. Brüder und Schwestern, Freunde und Freundinnen loszulassen ist die Bedingung, die Gemeinschaft zu genießen, die mir immer wieder geschenkt wird. Nur wer Vater und Mutter verlässt, wer sich innerlich distanziert von den inneren Vater- und Mutterstimmen, wird sein eigenes Leben leben können und dann auch die positiven Wurzeln erkennen, die ihm Vater und Mutter anbieten. Die Kinder sind Bild für das, was in mir wächst, für die

Frucht meines Lebens. Auch das, was in mir gewachsen ist, muss ich immer wieder loslassen, damit Neues in mir heranreifen kann. Und Acker steht für den Besitz. Nur wer sich distanziert vom Reichtum, wird dankbar genießen können, was Gott ihm schenkt. Genießen kann nur, wer loslässt. Wer seinen Besitz krampfhaft festhält, kann sich nicht daran freuen. Alles, was Gott uns hier schenkt, wird uns unter Verfolgungen geschenkt, unter dem Vorbehalt dieser Welt. Es kann uns wieder genommen werden. Wir können es nicht festhalten. Und in allem, was wir mit Haus, Brüdern und Schwestern, Vater und Mutter, Kindern und Äckern verbinden, steckt eine Verheißung, die erst im ewigen Leben ganz eingelöst werden wird. Da werden wir für immer zu Hause sein, da werden wir erfüllte Gemeinschaft erfahren.

Jeder wird das Loslassen und das Beschenktwerden auf seine persönliche Weise erfahren. Wer auf eigenen Besitz im Orden verzichtet, erlebt oft, dass er mit mehr Geld umgehen wird als seine Geschwister. Wer in Familie und Beruf steht und sein Herz nicht an den Besitz hängt, wird oft genug erfahren, dass er genug hat und dass ihm immer neue Freunde geschenkt werden. Wer jedoch seinen Wert darin sieht, wie viel er besitzt, der wird nie genug bekommen. Er wird nie die Wertschätzung erfahren, die er braucht. Er wird nie zufrieden sein. So weist Jesus uns mit seinen Worten zum Reichtum ein, alles zu lassen, was uns auf unserem Weg der Nachfolge hindert. Nur wer innerlich frei geworden ist, wird verstehen, wohin Jesus ihn führen möchte: in das Reich Gottes, in einen Raum, in dem der Mensch sein wahres Wesen entdeckt, in dem Gott selbst ihn formt und ihn mit seiner Herrlichkeit erfüllt.

Vom Herrschen und Dienen (10,35–45)

Ausgerechnet nach der dritten Leidensankündigung, in der Jesus sehr genau beschrieben hat, was ihm widerfahren wird, treten die Zebedäussöhne an Jesus heran, um ihn zu bitten, dass sie in seinem Reich zu seiner Rechten und Linken sitzen dürfen. Ihnen geht es um Macht und Ehre. Sie wollen im Reich Gottes die Ehrenplätze haben. Sie verstehen die Botschaft Jesu vom Reich Gottes falsch. Im Reich Gottes geht es nicht um unsere Macht, sondern um die Herrschaft Gottes. Gott soll die Mitte sein, und nicht der Mensch. Doch die Jünger verstehen das Reich Gottes als etwas, das man besitzen kann. Sie möchten Jesus dazu benutzen, ihren Wert zu erhöhen. Doch Jesus konfrontiert sie mit ihrer eigenen Wahrheit: »Ihr wisst nicht, um was ihr bittet. Könnt ihr den Kelch trinken, den ich trinke, oder die Taufe auf euch nehmen, mit der ich getauft werde?« (10,38) Jesus verweist sie auf das Leiden, das sie trifft, wenn sie ihm nachfolgen werden. Nachfolge heißt nicht, sich über die Menschen zu erheben und Jesus dazu zu missbrauchen, sich besser zu fühlen als die anderen, die keine Ahnung von Jesus haben. Nachfolge schließt vielmehr die Bereitschaft zum Martyrium mit ein, die Bereitschaft, auch das Bittere zu trinken, das Gott mir auf dem inneren Weg reicht. Jeder Weg, den wir in der Nachfolge Jesu gehen, führt auch zum Leiden, zum Leiden an uns selbst und unserer Unzulänglichkeit, aber auch zum Leiden an den Menschen, die uns oft genug nicht verstehen.

Die Zebedäussöhne bestätigen sehr selbstbewusst, dass sie den Kelch trinken werden. Die Antwort Jesu könnte ein Hinweis darauf sein, dass sie zur Zeit der Abfassung des Markusevangeliums bereits den Märtyrertod gestorben sind. Doch bleiben wir lieber innerhalb der Erzählung. Die anderen Jünger ärgern sich über die Ansprüche der beiden. Diesen Ärger nimmt Jesus zum Anlass, sie über die Ausübung von Macht innerhalb der kirchlichen Gemeinschaft zu belehren. Jesus zeigt zunächst zwei negative Beispiele von Machtmissbrauch: Die Herrscher unterdrücken die Völker. Sie machen sie klein, weil sie nur dann an ihre Größe glauben können, wenn sie andere in die Knie zwingen. Und die Mächtigen nutzen ihre Macht aus, um Gewalt gegen die Menschen auszuüben. Sie verstehen ihre Macht falsch. Sie meinen, sie seien mächtig, wenn sie andere verletzen. Doch das zeigt nur, dass sie nicht im Einklang sind mit sich selbst, sondern ihre eigenen Verletzungen weitergeben. Jesus stellt dem Machtmissbrauch eine andere Weise von Führen entgegen. Wer groß sein will, soll dienen. Jesus spricht hier vom Tischdienst. Der Führende soll dem Leben dienen. Und wer der Erste sein will, sei der Sklave aller. Im Griechischen wird hier unterschieden zwischen diakonos und doulos, im Lateinischen zwischen minister und servus. Minister ist der, der bei Tisch dient. Er ist der Helfer, der andere unterstützt, wenn sie sich schwach fühlen, der Leben in ihnen hervorlockt. Servus ist der Läufer, der die Informationen weitergibt zwischen Heer und Feldherr, der also dafür sorgt, dass die Kommunikation funktioniert. Das griechische Wort »doulos« meint den Sklaven, der weder Herr ist noch frei. Der Sklave weiß sich seinem Herrn verpflichtet. So soll sich der Christ Gott gegenüber verpflichtet fühlen und in demütiger Gesinnung das tun, was ihm aufgetragen ist. Er soll der Gemeinschaft dienen und für das sorgen, was für ein gedeihliches Miteinander nötig ist. In der christlichen Gemeinde sollen also andere Formen der Machtausübung gelten als in der übrigen Welt. Führen heißt: dem Leben dienen, Leben hervorlocken, und für das Leben sorgen. Der Führende weiß sich an Jesus, den Herrn, gebunden, und spielt sich nicht selbst zum Herrn über andere auf. Er handelt im Auftrag Jesu und stellt sich bereitwillig in seinen Dienst.

Jesus nimmt die Auseinandersetzung um das rechte Herrschen und Dienen zum Anlass, sein eigenes Leben als Maßstab für die Jünger zu beschreiben. Und er vermittelt seinen Jüngern den eigentlichen Sinn seines Lebens, die tiefste Motivation für sein Leben und Sterben: »Denn auch der Menschensohn ist nicht gekommen, um sich dienen zu lassen, sondern um zu dienen und sein Leben hinzugeben als Lösegeld für viele.« (10,45) Jesu Wirken in Vollmacht ist Dienst an den Menschen. Er dient ihnen, indem er sie aus der Macht der Dämonen befreit und das Leben in ihnen hervorlockt. Jesus schaut vor auf sein Leiden, das er schon dreimal angekündigt hat. Bisher hat er immer nur von der Tatsache des Leidens gesprochen. Jetzt zeigt er, welchen Sinn sein Sterben hat: Auch wenn Jesus am Kreuz gewaltsam stirbt, so ist sein Tod doch seine eigene Tat. Er selbst gibt sein Leben hin als Lösepreis für viele. Im Griechischen steht hier »psyche«. Er gibt seine Seele hin, das, was seine Person im Innersten ausmacht. Das griechische Wort für Lösepreis, »lytron«, meint das Loskaufgeld, mit dem man einen Sklaven aus seinem Sklavenstand befreien kann. Die Frage ist, was das genau bedeutet. Jesus hat dieses Wort sicher auf dem Hintergrund des Gottesknechtsliedes in Jesaja 53 formuliert. Die jüdische Märtyrertheologie kennt ein stellvertretendes Sterben. Indem ein anderer für mich stirbt, entgehe ich dem Tod. Die christliche Tradition hat hier allzu schnell vom Sühnetod Jesu gesprochen. Doch davon ist hier nicht die Rede. Das Bild vom Lösepreis für die Vielen – damit sind nicht nur die Juden, sondern auch die Heiden gemeint – versteht den Tod Jesu als befreiende Tat. Wir, die wir wie Sklaven gebunden sind an irdische Herren, die in inneren Zwängen gefangen sind, die von Leidenschaften und Bedürfnissen beherrscht werden, werden aus der Macht der Dämonen herausgelöst. Wir werden gelöst und erlöst. Wir werden frei. Jesus versteht sein stellvertretendes Sterben zugleich als Dienst. Er dient anstelle des Sklaven, damit der Sklave frei wird. Sein Dienen kommt in seinem Tod zur Vollendung, der uns aus aller Gebundenheit an versklavende Mächte löst.

Aber nochmals frage ich: Wie soll ich das verstehen? Wie kann Jesu Tod für mich stellvertretend geschehen sein? Für mich ist es die Sprache der Liebe. Wenn jemand für mich mit seiner ganzen Existenz eintritt, wenn er mich bedingungslos liebt, dann gibt er sich für mich hin. Diese Hingabe kommt im Tod zur Vollendung. Jede große Liebe schließt den Tod mit ein. Sie kommt erst im Tod in ihr wahres Wesen. So ist der Tod Jesu Ausdruck seiner Proexistenz, seines »Für-uns-Seins«. Und dieses »Für-mich-Sein« löst mich aus dem Gebundensein an mich selbst. Es zeigt mir, dass der Tod Jesu nicht ein Scheitern war, das alle meine Hoffnung zunichte macht. Jesu Tod ist vielmehr der tiefste Ausdruck seiner Liebe und seiner Gemeinschaft mit mir. Wenn Jesus selbst seinen Tod noch für mich stirbt, dann gibt es nichts mehr in meinem Leben und Sterben, das mich von ihm trennen könnte. So verheißt Jesus nicht nur seinen Jüngern, sondern allen Menschen, dass sein Tod nicht Aufhebung der Gemeinschaft mit ihm ist, sondern gerade die Ermöglichung einer intensiven Gemeinschaft, die durch nichts mehr zerstört werden kann.

Die Heilung des blinden Bartimäus (10,46–52)

Unmittelbar vor der Schilderung von Jesu Einzug in Jerusalem und seiner Passion erzählt uns Markus die Geschichte von der Heilung des blinden Bartimäus. Ein blinder Bettler sitzt am Straßenrand und bittet um Almosen.

Als er hört, dass Jesus von Nazaret vorbei geht, ruft er laut: »Sohn Davids, Jesus, hab Erbarmen mit mir!« (10,47) Die Jünger werden ärgerlich. Sie möchten Jesus für sich haben und sich mit ihm unterhalten. Da stört sie das Schreien des Bettlers. Die Leute, die Jesus begleiten, befehlen dem blinden Bettler, er solle doch jetzt endlich schweigen. Doch der schreit seine Bitte nur noch lauter heraus. Mich beeindruckt diese Hartnäckigkeit des Bittens. Bei mir selbst kenne ich das Gegenteil. Wenn mir eine Bitte abgeschlagen wird, dann ziehe ich mich wieder zurück. Dann versuche ich, mir selber zu helfen. Aber es bleibt oft genug ein Rest Bitterkeit in mir. Bartimäus hört nicht auf zu bitten. Ja, er schreit seine Bitte gegen den Widerstand der Leute laut heraus. Er meldet sich zu Wort. Er steht zu seinem Wunsch, endlich wieder sehen zu können und gesehen zu werden.

Jesus bleibt stehen. Er hört die Not dieses Menschen. Sie ist ihm jetzt wichtiger als das Gespräch mit den Vielen. Er spürt, dass sich dieser Bettler wirklich nach Heil und Heilung sehnt. Er lässt ihn rufen. Nun sind die Leute wie verwandelt. Weil Jesus den Bettler ruft, geben sie ihre ärgerliche Haltung auf. Sie sagen zu Bartimäus: »Hab nur Mut, steh auf, er ruft dich.« (10,49) Bartimäus wirft nun seinen Mantel weg, springt auf und geht auf Jesus zu. Den Mantel, der ihn eingehüllt hat, braucht er nun nicht mehr. Er lässt seine Rollen und Masken los, hinter denen er sein wahres Wesen versteckt hat. Ungeschützt und aufgebrochen geht er auf Jesus zu, in seiner ganzen Bedürftigkeit und Wahrheit. Er hält sich Jesus so hin, wie er ist.

Jesus heilt ihn nicht sofort, sondern fragt ihn: »Was soll ich dir tun?« Im Griechischen ist dieser Satz noch genauer formuliert: »Was willst du, dass ich dir tun soll?« (10,51) Jesus appelliert an seinen Willen. Der Blinde soll sich genau überlegen, was er von ihm will. In der geistlichen Begleitung erlebe ich häufig, dass Menschen einfach anfangen, etwas von sich zu erzählen. Aber es ist oft unklar, was sie eigentlich von mir wollen, und dann merke ich, dass so ein Gespräch oft nicht weiter hilft. Daher frage ich auch immer: »Was wollen Sie von mir? Was möchten Sie ansprechen? Welches Problem möchten Sie lösen?« Der Hilfesuchende soll sich klar werden, was er wirklich will. Und er soll sich überlegen, was er vom Therapeuten oder Seelsorger erwartet: »Was möchtest du von mir?« Indem der Klient es formuliert, wird er oft erkennen, dass er Unmögliches will, dass er vielleicht nur mit diffusen Wünschen zum Therapeuten oder geistlichen Begleiter gegangen ist und nun erwartet, dass der schon weiß, was ihm gut tut. Er gibt seine Verantwortung an den Arzt ab. Doch Jesus appelliert an die Verantwortung des Blinden. Er soll genau ausdrücken, was er wirklich will. Wenn der Kranke sich über seine konkreten Wünsche an den Arzt klar geworden ist, kann der Arzt in Freiheit entscheiden, ob er ihm diese Hilfe gewähren kann oder nicht. Oder er kann mit dem Kranken ein Gespräch anfangen, was ihm denn helfen könnte, damit er dieses Ziel erreicht. Er kann den Kranken an seine eigenen Ressourcen erinnern. Oder er lädt ihn ein, genauer auszudrücken, was er vom Arzt oder Therapeuten konkret erwartet, welche Schritte der tun soll.

Bartimäus weiß sofort, was er will: »Rabbuni, ich möchte wieder sehen können.« Rabbuni heißt nicht einfach nur »Meister«, sondern »mein Meister«. Der Blinde spürt eine Beziehung zu Jesus und spricht ihn daher persönlich an. Jesus hat ihn rufen lassen. So durfte der Bettler erfahren, dass Jesus sich für ihn interessiert, dass er ihn als Person ernst nimmt. Und Jesu Frage hat eine Beziehung des Vertrauens geschaffen. Aus diesem Vertrauen heraus spricht der Blinde Jesus mit der persönlichen Anrede an. Er möchte wieder sehen können. Das griechische Wort »anablepso« heißt eigentlich »aufsehen, nach oben sehen«. So ist in diesem Wunsch des Blinden ausgedrückt, dass er nicht nur die Dinge und die Menschen sehen möchte, sondern dass er seinen Blick auch nach oben richten möchte, dass er zum Himmel aufschauen möchte. Sein Sehen soll ebenfalls ein Blick des Glaubens sein. Er möchte in seinem Elend aufsehen zu Gott. Er möchte aufblicken können, den Himmel über seinem Leben offen sehen. Denn richtig sehen wird jemand erst dann, wenn er die Menschen, die Ereignisse seines Lebens und die Natur um ihn herum so anschaut, dass er darin den Unsichtbaren wahrnimmt, dass er in allem Gott zu erkennen vermag.

Jesus erfüllt dem Blinden seinen Wunsch: »Geh! Dein Glaube hat dir geholfen.« Jesus bestätigt dem Bartimäus nur, dass sein Glaube in Erfüllung geht. Er ist die Voraussetzung, dass Jesus ihn zu heilen vermag. Der Glaube selbst ist schon der erste Schritt zur Heilung, hat heilende Kraft. Bartimäus konnte sofort wieder sehen. Als Sehender folgt er nun Jesus auf seinem Weg. Den Blinden, den Jesus bei Betsaida geheilt hat, schickt er zurück in sein Dorf. Den Besessenen, der ihm als Geheilter nachfolgen will, verweist er auf seine Familie, zu der er zurückkehren soll. Doch Bartimäus hindert er nicht, ihm nachzufolgen auf seinem Weg. Dieser führt nun nach Jerusalem, dort in die Passion und schließlich ans Kreuz. Während die Jünger bisher immer noch ohne Verständnis und somit blind geblieben sind, ist Bartimäus der einzige Jünger, der mit offenen Augen Jesus nachfolgt, der bei der Passion Jesu hinter die Dinge sieht, der auch im größten Leid den Himmel offen sieht, der in der Dunkelheit des Todes das erlösende Licht Gottes erkennt, der in der Niederlage des Kreuzes den Sieg über die Macht der Dämonen schaut, und der im Grab das Leben entdeckt. Bartimäus ist fähig geworden, seinen Blick zum Himmel zu erheben. Nur mit solchem Sehen kann er Jesus auf seinem Leidensweg folgen, ohne dass ihm der Blick wieder verdunkelt wird. Er kann das Leiden Jesu sehen, ohne zu verzweifeln, weil er auch im Leiden Gott erkennt, der seinen Sohn in seiner Ohnmacht nicht allein lässt. Gott geht mit ihm bis in die bitterste Ohnmacht des Sterbens. Aber wer wie Bartimäus »aufblicken« kann, der wird im Kreuz den Gott erkennen, der die Toten auferweckt.

Der Einzug in Jerusalem (11,1–25)

Unmittelbar nach der Heilung des Blinden schildert Markus den Einzug Jesu in Jerusalem. Nun folgt nach seinem Wirken in Galiläa und nach seinem Auf-dem-Weg-Sein der Aufenthalt in Jerusalem. Hier wird Jesus keine Wunder vollbringen. Er wird vielmehr in Zeichen und Gleichnissen das Geheimnis seines künftigen Sterbens deuten. Und er wird in Jerusalem sein Leben vollenden, indem er am Kreuz für die Menschen stirbt, für die, die sich nach Heilung sehnen, aber auch für seine Gegner, die ihn ans Kreuz schlagen. In seinem Tod am Kreuz gipfelt das heilende und befreiende Wirken Jesu. In ihm wird offenbar, was Jesus in seiner Verkündigung vom Reich Gottes gelehrt hat, und uns werden die Bedingungen aufgezeigt, wie wir dorthin zu gelangen vermögen.

Der sehend gewordene Bartimäus folgt Jesus auf seinem Leidensweg. Er lädt uns ein, das hintergründige Geheimnis dieses Geschehens zu verstehen. Da ist einmal das Vorauswissen Jesu. Er sagt den beiden Jüngern voraus, dass sie gleich am Anfang des Dorfes einen jungen Esel angebunden finden werden. Den sollen sie ihm bringen. Jesus geht in vollem Bewusstsein den Weg nach Jerusalem und in den Tod am Kreuz. Er sieht, was auf ihn zukommt, und sagt ja dazu. Markus zitiert hier zwar nicht wörtlich aus dem Alten Testament, doch er erzählt die

Geschichte auf dem Hintergrund zweier Bibelstellen: Genesis 49,11 und Sacharja 9,9. In Genesis 49,11 segnet Jakob seinen Sohn Juda. Aus ihm geht der hervor, dem der Herrscherstab gehören wird. Sacharja 9,9 spricht vom Messias, der als Friedenskönig auf einem Esel reitet.

Die Jünger, die Jesus von Galiläa her begleiten, breiten ihre Kleider vor Jesus aus und streuen Zweige, die sie von den Büschen abreißen, auf den Weg. Beides sind typische Königsrituale. Jesus reitet als der wahre König Israels in Jerusalem ein. Doch bei Markus berührt dieser triumphale Einzug Jesu kaum die Stadt. Es ist ein Geschehen nur im Jüngerkreis. Die Jünger rufen dabei den jüdischen Festruf »Hosanna = Rette doch, hilf doch!«. Jesus ist der, der im Namen des Herrn kommt, und durch ihn das Reich Davids. Hier verwirklicht sich das messianische Reich, auf das die Juden warten. Jesus ist der königliche Davidssohn, der in seine Stadt einzieht. Schon der blinde Bartimäus hatte ihn als Sohn Davids bezeichnet. Jetzt erkennen auch seine Jünger, dass mit Jesus die Königsherrschaft Davids für Jerusalem kommt. Doch die Davidstadt verschließt sich ihrem König. Die Jünger bitten mit ihrem Ruf »Hosanna in der Höhe!« auch die Engel im Himmel, in ihren Ruf mit einzustimmen. Jesus zieht nicht nur in die Stadt Jerusalem ein, sondern auch in den Tempel. Dort sieht er sich den Tempelbetrieb an. Jetzt ist er allein mit seinen zwölf Jüngern. Markus zeichnet den Tempel in seinem Evangelium immer negativ. Seine dahinterstehende Absicht ist, zu zeigen, dass Jesus den Tempelbetrieb ablöst. Jesus geht es nicht um äußere Opfer, die im Tempel dargebracht werden, sondern um den Gottesdienst des Herzens, in dem sich das Herz dem Willen und der Liebe Gottes öffnet. Das wird in den nächsten beiden Szenen deutlich.

Markus hat die beiden Szenen kunstvoll ineinander geschachtelt. Es ist die so genannte Sandwich-Anordnung, die typisch ist für seine Art zu schreiben. Die erste Szene von der Verfluchung des Feigenbaums bereitet manchen Lesern Schwierigkeiten. Was Markus damit meint, wird erst deutlich, wenn wir den alttestamentlichen Hintergrund bedenken. Jesus verflucht den Feigenbaum sicher nicht aus Ärger darüber, dass er seinen Hunger nicht stillen kann. Das wären ein Missbrauch seiner Macht und ein kleinliches Handeln. Der Feigenbaum mit seinem reichen Blätterschmuck, der aber keine Früchte trägt, ist vielmehr ein Bild für Israel. Schon der Prophet Micha klagt, dass er keine Frucht am Feigenbaum findet, weil die Frommen und Redlichen aus dem Land geschwunden sind. (Micha 7,1 ff.) Indem Markus die Verfluchung des Feigenbaums mit der Tempelreinigung verbindet, zeigt er, dass es nicht um den Feigenbaum, sondern um den Tempel geht, um »die bestehende religiöse Ordnung, deren Ende Jesus ankündigt« (Iersel 189). So wie der Feigenbaum keine Früchte trägt, so ist auch der Tempel mit seiner religiösen Ordnung verdorrt. Er ist zu einem Ort geworden, an dem Händler und Geldwechsler Gewinne machen, ist aber nicht mehr ein Ort des Gebetes, der ehrlichen Gottesbegegnung. Diese kritische Haltung Jesu gegenüber dem Tempel ist eine dauernde Anfrage an uns, ob nicht auch unser religiöser Betrieb zu einem Ort der Geschäftigkeit geworden ist. Geht es mir wirklich um Gott, wenn ich bete, oder benutze ich Gott, damit es mir gut geht? Gott für sich zu benutzen ist eine dauernde Gefahr für jede Art von Frömmigkeit. Für Jesus ist nur die Spiritualität gottgemäß, die Früchte bringt, von denen sich die Menschen nähren können.

Wie zur Illustration seines Verfluchungswortes geht Jesus mit seinen Jüngern in den Tempel. Dort treibt er die Händler und Käufer aus dem Tempel und stößt die Tische der Geldwechsler und Taubenhändler um. Er deutet sein Tun mit einem Satz, in dem er Zitate aus Jesaja 56,7 und Jeremia 7,11 miteinander kombiniert. »Mein Haus soll ein Haus des Gebetes für alle Völker sein.« Der Tempel gehört nicht nur den Juden, sondern auch den Heiden. Hiermit meint Jesus sicher den geistigen Tempel, der in der christlichen Gemeinde fortlebt, denn Markus rechnet nicht damit, dass der zerstörte Tempel wieder aufgebaut wird. Im Wort Jesu steckt zudem der Vorwurf, dass die Hohenpriester und Führer des Volkes den Tempel zu einer Räuberhöhle gemacht haben, dass sich profane Absichten in den heiligen Bereich eingeschlichen und ihn entweiht haben. Dieser Vorwurf ist zugleich eine Mahnung an die Christen, mit ihrer Gemeinde nicht genauso umzugehen wie die Hohenpriester. Diese und die Schriftgelehrten reagieren auf das Tun Jesu mit dem Entschluss, ihn zu töten. Sie haben sehr deutlich verstanden, was Jesus mit seiner Zeichenhandlung meinte: dass der Tempelbetrieb, so wie sie ihn verstanden haben, mit Jesus zu Ende geht, dass mit Jesus der neue Tempel beginnt, zu dem alle Völker Zutritt haben. Sie versuchen, Jesus zu töten. Doch sie fürchten sich vor dem Volk, »weil alle Leute von seiner Lehre sehr beeindruckt waren«. (11,18) Auch das Tun Jesu wird offensichtlich als Lehre verstanden. Wenn Jesus von Gott spricht, dann bringt das die Menschen in Bewegung. So hat es schon die erste Heilungsgeschichte bei Markus gezeigt, in der die Dämonen auf die Lehre Jesu reagieren. Er spricht so, dass er zugleich deutlich macht, was mit seiner Lehre gemeint ist. Er wirft die Händler und Geldwechsler aus dem Tempel. Damit drückt er anschaulich aus, dass er diesen als Ort des Gebetes, als einen Raum der intimen Zwiesprache mit Gott versteht.

Als die Jünger am nächsten Morgen am Feigenbaum vorbeikommen, sehen sie, dass er tatsächlich verdorrt ist. Der Feigenbaum zeigt nochmals plastisch, was mit dem Tempelbetrieb geschehen ist: Er ist von Grund auf verdorrt und wertlos und wird keine Frucht mehr bringen.

Jesus benutzt die Erfahrung der Jünger mit dem verdorrten Feigenbaum und der Tempelreinigung, um ihnen in drei Worten zu zeigen, wie er den wahren Tempel versteht bzw. wie er das Wesen des Gebetes und der Frömmigkeit sieht. Es sind drei Worte, mit denen Jesus die Spiritualität beschreibt, die er von seinen Jüngern erwartet.

Das erste Wort bezieht sich auf den Glauben. Es geht nicht um ein äußeres Tun, sondern um den Glauben an Gott, um das bedingungslose Vertrauen in die Güte des göttlichen Vaters. Wer diesen Glauben hat, der kann zum Berg sagen, dass er sich ins Meer stürzen soll, und er wird es tun. (11,23) Jesus meint mit diesem Bildwort sicher nicht, dass die Jünger mit ihrem Glauben Zauberkunststücke vollbringen sollen. Der Berg, der sich ins Meer stürzt, ist vielmehr ein Bild für den Berg von Problemen und Ängsten, der uns oft den Blick auf die Wirklichkeit verstellt. Im Blick auf die Passion will der Glaube, zu dem Jesus uns auffordert, sagen: »Auch wenn du vor lauter Leid nichts von Gott zu erblicken meinst, auch wenn alle deine Lebenspläne durchkreuzt werden, auch wenn du mit deinem Lebenskonzept zu scheitern drohst, wenn du das bedingungslose Vertrauen hast, an dem Jesus in seiner Passion festhält, dann wird der Berg, der dir den Blick verstellt, zusammenstürzen. Er wird ins Meer stürzen.« Meer ist ein Bild für das Unbewusste. Die Ängste werden wieder dorthin zurückweichen, woher sie stammen: ins Unbewusste. Sie werden den Blick für die Wirklichkeit nicht mehr verdunkeln. Der wahre Gottesdienst besteht in einem bedingungslosen Vertrauen in den Gott, der selbst den Tod am Kreuz noch in einen Sieg verwandelt.

Das zweite Wort konkretisiert das unbedingte Vertrauen zu Gott, das unser Beten prägen soll: »Alles, worum ihr betet und bittet – glaubt nur, dass ihr es schon erhalten habt, dann wird es euch zuteil.« (11,24) Dieses Wort scheint unserer Erfahrung zu widersprechen. Es meint sicher nicht, dass all unsere törichten Wünsche erhört werden, wenn wir nur Gott darum bitten. Vielmehr soll unser Beten durch den Glauben geprägt sein, durch das Vertrauen auf Gott. Wenn wir ihm vertrauen, dann werden uns keine Bitten über die Lippen kommen, die Gott widersprechen. Wir werden im Gebet erkennen, was uns wirklich gut tut, und erfahren, dass Gott schon bei uns ist und uns beschützt. Dieses Wissen und dieses Vertrauen auf den Gott, der in jeder Situation, selbst am Kreuz noch, bei uns ist, ist schon die Erfüllung all unserer Wünsche. Wenn wir daran glauben, brauchen wir nicht mehr um einzelne Dinge zu bitten. Unsere tiefste Sehnsucht nach der heilenden und liebenden Nähe Gottes ist dann schon erfüllt. Teresa von Avila hat den Sinn dieses jesuanischen Wortes verstanden, wenn sie meint: »Gott allein genügt.« Wer ihn im Gebet als den nahen und helfenden Gott erfährt, der hat genug. Der muss nicht mehr um die Erfüllung zahlloser Wünsche bitten.

Das dritte Wort, mit dem Jesus das Beten seiner Jünger charakterisiert, bezieht sich auf unsere Beziehung zu den Mitmenschen. (11,25) Ein Beten, bei dem wir unsere Mitmenschen ausschließen, ist kein christliches Beten. Echtes Beten bedarf der Vergebung. Nur wenn wir allen, denen wir etwas vorzuwerfen haben, vergeben, können wir wirklich vor Gott treten. Die Versöhnung mit den Mitmenschen ist die Voraussetzung, im Gebet Gott begegnen zu können. Ohne Bereitschaft zur Vergebung ist unser Gebet in Gefahr, dass wir uns über andere stellen oder dass wir im Gebet Gott für uns benutzen. Die Beziehung zu ihm verlangt auch die Bereinigung unserer menschlichen Beziehungen.

Das Gleichnis von den bösen Winzern (12,1–12)

Nach der Vertreibung der Händler aus dem Tempel erzählt uns Markus die Auseinandersetzung Jesu mit den Hohenpriestern, den Schriftgelehrten und Ältesten. Und mitten in diese Streitgespräche setzt Markus – wieder als Sandwich-Konstruktion – das Gleichnis von den bösen Winzern. Diese Erzählung ist nicht so vieldeutig wie andere Gleichnisse, die man jeweils auf verschiedenen Ebenen auslegen kann. Hier erzählt Jesus vielmehr sein eigenes Schicksal, und die Hörer verstehen sehr genau, was er damit meint: »Sie hatten gemerkt, dass er mit diesem Gleichnis sie meinte.« (12,12) Jesus beginnt das Gleichnis mit einer Beschreibung des Weinbergliedes aus dem Propheten Jesaja: »Ein Mann legte einen Weinberg an, zog ringsherum einen Zaun, hob eine Kelter aus und baute einen Turm.« (12,1 = Jesaja 5,1 f.) Weinberg ist im Alten Testament ein beliebtes Bild für das Volk Israel. Gott selbst hat diesen Weinberg angelegt. Er verpachtet ihn an Winzer. Das ist wohl ein Bild für die Verantwortlichen im Volk, für die Hohenpriester und Schriftgelehrten. Dreimal schickt nun Gott einen Knecht, um seinen Anteil an den Früchten des Weinbergs holen zu lassen. Die Knechte stehen für die Propheten, die Gott immer wieder zu seinem Volk sandte. Doch das Volk Israel hat oft genug seine Propheten ermordet.

Es ist erstaunlich, dass Gott so viel Geduld mit seinem Volk hat. Er reagiert völlig anders auf seine Untreue, als es unserer menschlichen Vorstellung entspricht. Jesus selbst erzählt das anschaulich: »Schließlich blieb ihm nur noch einer: sein geliebter Sohn. Ihn sandte er als Letzten zu ihnen, denn er dachte: Vor meinem Sohn werden sie Achtung haben.« (12,6) Hier will Jesus seinen Gegnern deutlich zeigen, wen sie da umzubringen versuchen: Gottes geliebten Sohn. Mit diesem Vers deutet Markus das

Geheimnis der Menschwerdung und das Geheimnis des Todes Jesu. Gott hat uns in Jesus seinen geliebten Sohn geschickt. Das Kommen Jesu ist Ausdruck von Gottes geduldiger Liebe zu uns. Doch die Überlegung Gottes wird durch die Gegengedanken der Winzer zunichte: »Die Winzer aber sagten zueinander: Das ist der Erbe. Auf, wir wollen ihn töten, dann gehört sein Erbgut uns.« (12,7) So packen sie ihn, töten ihn und werfen den Leichnam aus dem Weinberg hinaus. Dort soll er Beute der wilden Tiere werden. Das ist nach jüdischem Recht »Leichenfrevel« (Grundmann, 323). Jesus deckt mit diesem Gleichnis das Handeln seiner Gegner auf. Es ist Jesu letzter Versuch,« seinen Gegnern die Augen zu öffnen und ihnen klarzumachen, welche Tragweite ihr Vorsatz hat, Jesus umzubringen, sodass sie noch zur Besinnung kommen und ihr Treiben einstellen.« (Iersel, 193) Doch Jesu Versuch scheitert. Der Leser weiß, dass sie ihn töten werden, und in ihm nicht nur einen Propheten, sondern Gottes geliebten Sohn.

Auf das Gleichnis vom Weinberg folgt noch ein weiteres kurzes Gleichnis. Jesus zitiert hier den Psalm 118, mit dem ihm seine Jünger beim Einzug in Jerusalem zugejubelt haben. Er legt ihn mit innerer Freiheit in seinem Sinn aus. Der Stein, den die Bauleute verworfen haben, wird zum Eckstein für ein neues Gebäude. Das ist ein Bild dafür, dass der alte Tempel durch Jesu Tod verworfen wird und seine Gültigkeit verliert. In Jesu Tod und Auferstehung wird ein neuer Tempel errichtet, der allen Menschen offen steht. Jesus deutet sein Schicksal nicht als Scheitern gegenüber seinen mächtigen Gegnern, sondern als Tat Gottes: »Das hat der Herr vollbracht, vor unseren Augen geschah dieses Wunder.« (12,11) Mit diesem Psalmvers will Markus den Lesern die Augen öffnen, dass sie in Jesu Tod und Auferstehung Gottes Wundertat erkennen. Gott lässt seinen Sohn, den die Hohenpriester verwerfen und töten, nicht fallen. Er wirkt an ihm das Wunder der Auferstehung, nimmt seinen Sohn als Eckstein für den Tempel, den er in Jesus für alle Völker erbaut. Nach außen hin verliert Jesus die Kraftprobe mit den Hohenpriestern, Schriftgelehrten und Ältesten. Doch in Wirklichkeit ist der geliebte Sohn in seiner Hand. Niemand kann ihn gegen Gottes Willen vernichten. Der äußere Triumph wird vielmehr für seine Gegner zur Niederlage, während der Tod Jesu für seine Jünger zu einer Quelle des Heiles wird.

Jesus Christus ist der Stein, den die Bauleute verworfen haben, nicht nur in seinem Tod und in seiner Auferstehung, sondern auch in dem, was er lehrt. Das Gleichnis von den bösen Winzern steht in der Mitte der Auseinandersetzung Jesu mit seinen Gegnern. Während seines Wirkens in Galiläa hat er zu den Menschen in Vollmacht von Gott gesprochen und ihnen in Gleichnissen erzählt, was das Geheimnis des Himmelreiches ist. Auf seinem Weg nach Jerusalem hat Jesus seine Jünger belehrt und ihnen das Geheimnis seines Weges zum Kreuz und zur Auferstehung erklärt. In Jerusalem zeigt er in der Auseinandersetzung mit den Hohenpriestern, Schriftgelehrten und Ältesten (11,27), was er im Unterschied zu ihnen als tragendes Fundament seiner Spiritualität sieht. Es sind drei Pfeiler, auf denen der Glaube ruht, den Jesus verkündet: Da ist einmal die Freiheit. Der Mensch gehört Gott und nicht dem Kaiser. Daher hat der Kaiser keine Macht über ihn. Der Mensch ist Bild Gottes, und nur wenn er sich Gott zurückgibt und sich ihm überlässt, anstatt sich nach der Meinung der Menschen zu richten, lebt er seinem Wesen entsprechend. (12,13–17) Der zweite Pfeiler ist der Glaube an die Auferstehung der Toten. Gott ist »nicht ein Gott von Toten, sondern von Lebenden«. (12,27) Im Tod werden wir nicht aus der Gemeinschaft mit Gott fallen, sondern wie die Engel unablässig Gott schauen. Der dritte Pfeiler ist die Liebe zu Gott, zum Nächsten und zu sich selbst (12,28–34). Auf dem Fundament der Freiheit, der Gottzugehörigkeit und der Liebe baut Jesus den neuen Tempel, in dem der Mensch Gott auf angemessene Weise verehren wird.

Die Rede über die Endzeit (13,1–37)

Vor der Passion lässt Markus Jesus die längste Rede halten, die im ganzen Evangelium zu finden ist. Mit dieser Rede stoppt Markus den Handlungsablauf, um das, was nun in der Passion mit Jesus geschehen wird, für die Zeit der Leser zu deuten. Markus wendet sich mit dieser Rede bewusst an die Leser, um ihnen zu zeigen, welche Auswirkungen das Schicksal Jesu auf ihre Zeit und auf das hat, was sie in der Zukunft zu erwarten haben. Jesus hält diese Rede auf dem Ölberg. Der Ölberg ist nach Ezechiel 11,23 der Ort, »an den die Herrlichkeit JHWHs sich zurückzieht, nachdem sie das verdorbene Jerusalem verlassen hat«. (Iersel, 202) Josephus Flavius meint, der Messias werde am Ölberg erscheinen, um von dort aus Jerusalem aus der Hand der Römer zu befreien. Gottes Herrlichkeit ist aus dem Tempel entwichen, davon ist Jesus überzeugt. In seiner Passion zieht sie jedoch wieder ein in die heilige Stadt. In seinem Tod am Kreuz wird diese Welt gerichtet, und die neue Welt Gottes bricht an, für Jerusalem, aber auch für die ganze Welt.

Jesus hält seine Rede vor vier Jüngern. Es sind die gleichen Jünger, die er als Erste in seine Nachfolge gerufen hat. Dass Jesus seine Offenbarung über das Ende der Zeit nur einer kleinen Gruppe mitteilt, entspricht der apokalyptischen Literatur jener Zeit, die von Geheimhaltung und dem Vorbehalt der Bestimmung für eine kleine Zuhörerschaft geprägt ist. Es sind drei Themen, die Jesus in seiner Rede behandelt und die er diesem ausgesuchten Kreis der Jünger erklärt. Dennoch sind seine Worte an alle Menschen gerichtet. Daher spricht Markus in der Rede auch direkt den Leser an: »Der Leser begreife«, (13,14), und nochmals: »Was ich aber euch sage, das sage ich allen: Seid wachsam!« (13,37)

Das erste Thema bezieht sich auf die Zeit vor dem Kommen des Menschensohnes (13,5–23). Da werden viele im Namen Jesu auftreten und sagen: »Ich bin es!« (13,6) Es werden falsche Messiasse auftreten und die Menschen verwirren, indem sie Zeichen und Wunder tun. (13,21 f.) Es ist ein Phänomen, das zu jeder Zeit auftreten kann. Immer wieder gibt es Menschen, die meinen, sie hätten eine besondere Weisung von Gott, sie allein könnten den Menschen die Wahrheit verkünden und das Heil bringen. Solche selbst ernannten Propheten gibt es in unserer Zeit zur Genüge. Sie stiften bei vielen suchenden Menschen Verwirrung. Jesus erzählt von diesen falschen Messiassen gerade vor seiner Passion. Sein Weg ans Kreuz ist ein wichtiges Kriterium, an dem wir erkennen können, ob einer im Namen Gottes auftritt oder nicht. Wenn ein Mensch die Lösung aller Probleme verspricht, wenn einer einen Weg aufzeigt, wie alles gelingen kann, dann entspricht das nicht dem wahren Messias. Wenn das Kreuz ausgeklammert wird, tritt ein falscher Messias auf.

Ein anderes Phänomen, das dem Kommen des Menschensohnes vorausgeht, sind Kriege und Naturkatastrophen. Solche Phänomene gibt es zu aller Zeit. Daher geht es Markus nicht darum, dass wir genau nach dem Zeitpunkt fragen, zu dem der Menschensohn kommt. Es geht ihm vielmehr darum, dass wir auf die Wirklichkeit dieser Welt, auf Kriege und auf Verfolgungen angemessen reagieren. Jesus gibt uns für die Bedrängnisse, die uns erwarten, die Verheißung mit, dass der Heilige Geist bei uns sein wird und uns eingeben wird, was wir sagen sollen, wenn wir vor Gericht gestellt werden. Und er mahnt uns, standhaft zu bleiben. »Wer bis zum Ende standhaft bleibt, der wird gerettet.« (13,13) Markus will uns mit den Worten Jesu in Vers 9–13 vor Augen führen, dass die Jünger das gleiche Schicksal erleiden werden wie Jesus in seiner Passion. Auch sie werden vor Statthalter und Könige gestellt, damit sie Zeugnis für das Evangelium ablegen, für die Frohe Botschaft von der heilenden und liebenden Nähe Gottes. In der Passion Jesu haben sie ein Vorbild, wie sie auf die Verfolgungen und Drangsale reagieren sollen.

Die Deutung der Verse 14–20 ist bei den Exegeten umstritten. Die einen meinen, die Worte Jesu würden sich nur an die Menschen in Judäa richten, die durch den jüdischen Krieg betroffen sind. Andere glauben, der jüdische Krieg würde nur den Erfahrungshintergrund bilden, auf dem Markus mit den Worten Jesu den Höhepunkt der Not beschreibt, die dem Kommen des Menschensohnes vorangeht. Gnilka meint, mit dem Greuel der Verwüstung sei nicht, wie in der Vergangenheit, ein Götzenopferaltar gemeint, der im Tempel aufgestellt wurde, sondern der Antichrist. Ganz gleich, wie man diese Verse auslegt, sie schildern Nöte, unter denen wir immer leiden, denn der Menschensohn steht immer vor der Tür, um wieder zu kommen. So dürfen wir diese Bilder auch als Bilder unserer Seele verstehen. Sie beschreiben innere Nöte, die uns in die Enge treiben. Wir meinen, wir könnten nur noch davonlaufen, um unser Leben zu retten. Wenn in unserer Seele ein Greuel auftaucht, der uns innerlich verwüstet und die blühende Landschaft unserer Seele zur Verödung bringt, dann haben wir den Eindruck, dass wir es nicht mehr bei uns aushalten. »Wenn der Herr diese Zeit nicht verkürzen würde, würde kein Mensch gerettet.« (13,20) Doch Jesus verheißt uns, dass er die Zeit abkürzen wird. Er wird uns nicht über Gebühr herausfordern. Es gibt ein Ende für diese innere und äußere Not, die uns immer wieder erwartet. Jesus schildert diese auch auf dem Hintergrund seiner eigenen Passion. Was ihm geschieht, das wird auch seinen Jüngern geschehen. Doch wer wie Jesus voll Vertrauen an Gott festhält, den kann auch das Kreuz nicht aus der Beziehung zu Gott herausreißen.

In den Versen 24–27 spricht Jesus vom Kommen des Menschensohnes. Damit meint er sich selbst. Er, der am Kreuz gestorben ist, wurde von Gott wieder in seiner Ehre hergestellt, wie das der Prophet Daniel beim Kommen des Menschensohnes für das Volk Israel verheißen hat. (Daniel 7,13) Jesus hat von sich als Menschensohn immer in Beziehung zu seiner Passion gesprochen. Nun spricht er von sich als dem, den Gott auferweckt hat, damit er in Macht und Herrlichkeit sichtbar für alle Menschen wiederkommen wird. Die Kennzeichen seines Kommens werden in der apokalyptischen Sprache geschildert, wie sie damals üblich war. Da »wird sich die Sonne verfinstern, und der Mond wird nicht mehr scheinen; die Sterne werden vom Himmel fallen, und die Kräfte des Himmels werden erschüttert werden«. Man könnte diese Bilder mit Drewermann als Bilder einer Seele verstehen, die in eine äußerste Not gerät. Es gibt Menschen, bei denen sich die Sonne verfinstert und die Sterne vom Horizont ihrer Seele fallen. In der Depression erleben viele, dass es in ihrem Herzen keine Sonne mehr gibt, die ihre Dunkelheit erleuchtet. Es gibt aber auch Menschen mit einer katastrophalen Grundeinstellung, mit dem Gefühl, dass für sie alles zusammengebrochen ist. Worauf sie ihre Hoffnung gesetzt haben, das hat sich als nichtig erwiesen. Was sie einmal erfreut hat, das erhellt sie heute nicht mehr. Für sie ist alles dunkel. Sie kreisen in ihrem Denken immer nur um Untergang und Zerstörung. Sie lesen gierig alles, was an Horrorszenarien von Menschen erfunden wird, um die Angst zu schüren. Sie reden ständig davon, dass demnächst etwas Furchtbares geschehen wird, z. B. der Ausbruch des Dritten Weltkriegs o. ä. Solche Reden sagen weniger etwas über die reale Welt aus als viel mehr über den Zustand der eigenen Seele. Man hat keine Hoffnung für sein Leben, sondern lebt in der ständigen Angst, dass alles in einem zu Grunde gehen wird.

Aber es gibt auch bedrohliche Ereignisse von außen, die einbrechen in die Seele gesunder Menschen und in ihnen alles verdunkeln. Der Verlust eines geliebten Menschen raubt ihnen ihre Fröhlichkeit. Sie können nicht mehr lachen. Es gibt keine Sonne mehr in ihrer abgrundtiefen Trauer. Und auch kein Mond scheint in ihrer Nacht. Die Sterne als Zeichen der Hoffnung fallen vom Himmel. Und die innere Kraft ist völlig erschüttert. In so eine Situation kommt der Menschensohn mit großer Macht und Herrlichkeit. Er wird die dunkle Seele mit seinem Licht erhellen und alle zerstörerischen Mächte aus ihr vertreiben. »Und er wird die Engel aussenden und die von ihm Auserwählten aus allen vier Windrichtungen zusammenführen.« (13,27) Jesus, der Menschensohn, wird alle Geretteten sammeln. Die Christen, die zerstreut auf der ganzen Welt leben, werden zur Gemeinschaft der Geretteten. Aber zugleich kann man auch dieses Wort als Beschreibung eines inneren Geschehens verstehen. Jesus wird das, was in mir zerstreut ist, sammeln und zur Einheit führen. Er wird die Zerrissenheit meiner Seele, das Erschütterte und Verfinsterte in mir zusammenführen. Es gibt keine Situation, die den Menschen der Hoffnungslosigkeit und Depression preisgibt. Gerade in der größten Bedrängnis kommt der Retter. Hölderlin formuliert das so: »Wo Gefahr ist, wächst das Rettende auch.« An dieser Textstelle des Markusevangeliums wird nochmals deutlich, dass der Evangelist die Endzeitrede Jesu bewusst vor die Passion gesetzt hat. Am Kreuz wird eine Finsternis die Sonne verdunkeln. Und gerade in dieser Dunkelheit leuchtet Jesus am Kreuz schon auf als die wahre Ostersonne, die alle Dunkelheit erhellt. Das Kreuz will sagen: Es gibt keine Katastrophe, kein Scheitern, kein Zusammenbrechen, keine Verfinsterung der Seele, die nicht durch das Kommen des Menschensohnes, des Gekreuzigten und Auferstandenen, erlöst werden könnte.

Im letzten Teil seiner Rede zeigt uns Jesus die Haltung auf, mit der wir uns auf seine Ankunft vorbereiten sollen. Vom Feigenbaum sollen die Jünger lernen, dass das Kommen des Menschensohnes nahe bevor steht, doch die genaue Stunde kennt niemand, nicht einmal der Sohn. Daher sollen sich auch die Jünger keine Gedanken über den exakten Zeitpunkt machen. Der Menschensohn steht immer vor der Tür, um anzuklopfen, damit wir ihn bei uns einlassen. Die Haltung, mit der wir auf das Kommen des Menschensohnes reagieren sollen, ist die Wachsamkeit. Wie wir wachen sollen, das erklärt uns Jesus durch ein Gleichnis: »Es ist wie mit einem Mann, der sein Haus verließ, um auf Reisen zu gehen: Er übertrug alle Verantwortung seinen Dienern, jedem eine bestimmte Aufgabe; dem Türhüter befahl er, wachsam zu sein.« (13,34) Die frühen Mönche haben das Bild des Türhüters geliebt. Evagrius Ponticus mahnt in einem Brief, dass wir gute Türhüter sein sollen. Wir sollen jeden Gedanken, der an die Pforte kommt, um einzutreten, erst fragen, ob er zu uns gehört oder nicht, ob er uns nützt oder schadet. Jesus hat das Bild des Türhüters für jeden Christen geschaffen. Die Aufgabe des Türhüters ist es, zu wachen, damit er den Herrn empfangen kann. Jesus wendet sich unmittelbar nach der Ausfaltung des Bildes sofort an uns alle: »Seid also wachsam! Denn ihr wisst nicht, wann der Hausherr kommt, ob am Abend oder um Mitternacht, ob beim

Hahnenschrei oder erst am Morgen.« (13,35) Markus nimmt hier die vier römischen Nachtwachen als möglichen Zeitpunkt für das Kommen des Herrn. Zu jeder Zeit kann Jesus kommen, um bei uns anzuklopfen. Er kommt in der Stille unseres Herzens, um uns Weisung zu geben für unseren Weg. Und er kommt in der Stunde unseres Todes, um für immer in unser Haus einzuziehen.

Was Jesus hier von allen Jüngern erwartet, dass sie wachen und nicht schlafen, werden gerade die drei Jünger, die er auswählt, damit sie seinen Gebetskampf in Getsemani wachend begleiten, nicht erfüllen. Sie schlafen immer wieder ein. So ist diese Mahnung angesichts des Versagens der drei Jünger um so ernster. Als Jünger und Jüngerinnen Jesu sollen wir uns durch Wachen auszeichnen. Markus bringt hier zwei verschiedene Worte für wachen: »agrypneite«, das Schlaflosigkeit bedeutet, und »gregoreite«, was so viel heißt wie »haltet die Augen offen«. Oft genug schlafen wir. Wir meinen, wir würden unser Leben bewusst leben. Doch in Wirklichkeit leben wir einfach so dahin, gleichsam im Schlaf. Wir haben uns eingelullt in Illusionen, die wir uns über unser Leben machen. Jesus warnt davor, nicht in den Schlaf zu verfallen, sondern aufzuwachen und wach den Tag zu erleben. Das zweite Wort bezieht sich auf unsere geschlossenen Augen. Wir wollen nicht hinsehen, was ist. Wir verschließen die Augen vor der Wirklichkeit, vor der Nähe Jesu, der jeden Augenblick an unsere Tür klopfen könnte. Wir meinen, es würde genügen, anständig zu leben, die Gebote zu erfüllen, nichts Böses zu tun. Doch Christsein heißt: wachsam sein, die Augen aufmachen, um der Wirklichkeit ins Auge zu sehen. Und die Wirklichkeit ist geprägt vom Kommen des Menschensohnes. Das Wachsein ist Zeichen der Erwartung. Wir sind Menschen, die auf das Kommen des Herrn warten. Wenn er kommt, werden wir wahrhaft zu Hause sein, dann wird unser Haus zur Heimat, weil

Christus selbst darin wohnt. Bis er aber kommt, soll jeder sein Werk tun, das Jesus ihm aufgetragen hat. Doch für alle gilt die Aufforderung: »Seid wachsam!« (13,37) Mit diesem Wort Jesu entlässt Markus den Leser in die Passion. Er soll mit offenen Augen auf das schauen, was der Evangelist uns in der Leidensgeschichte Jesu erzählt. Nur dann wird er darin erkennen, wie Jesus in alle Bereiche menschlicher Bosheit hinein geht, um sie durch sein Festhalten an Gott zu überwinden. Nur dann wird er in diesem Jesus, der am Kreuz stirbt, den sehen, der einst auf den Wolken des Himmels kommen wird, um alle Menschen zu richten und die, die auf ihn warten, in sein ewiges Haus aufzunehmen.

Die Passionsgeschichte (14–15)

Die Passionsgeschichte ist der Höhepunkt des Markusevangeliums. Auf sie hin zielt das Wirken Jesu, und von hier aus erschließt sich das ganze Evangelium. Im Kreuzweg Jesu kommt das Unverständnis der Jünger zu seinem Höhepunkt und gipfelt seine Auseinandersetzung mit den Mächten der Finsternis. Da zeigen die Dämonen ihre ganze Macht. Aber gerade dort, wo die Dämonen im Tod Jesu scheinbar siegen, werden sie besiegt. Hier kommt sein Vertrauen auf die Macht des errettenden Gottes zur Vollendung. Er vertraut bedingungslos der Liebe seines Vaters, die sich gerade in der Verborgenheit des Kreuzes offenbart und durch die Auferstehung bestätigt wird. In der tiefsten Erniedrigung wird Jesus als der Sohn Gottes erhöht. So nimmt Markus schon die johanneische Theologie vorweg, dass Jesus seine Verherrlichung durch Gott am Kreuz erfährt.

Die Passionsgeschichte, wie sie uns Markus erzählt, wird erst in ihrer tieferen Bedeutung offenbar, wenn wir die vielen Hinweise auf den Tod Jesu im Markusevangelium beachten. Der erste Hinweis findet sich in der Geschichte von der Heilung des Mannes mit der verdorrten Hand. Hier zeigt Jesus auf, dass es ihm darum geht, »Gutes zu tun und Leben zu retten«. Wer wie die Pharisäer am Buchstaben des Gesetzes festhält und sich nicht um den kranken und verwundeten Menschen kümmert, der tut letztlich Böses und vernichtet Leben. Am Kreuz wird sichtbar, dass Jesus in seinem Leben »Gutes tut und Leben erhält, selbst um den Preis seines Lebens« (Schreiber, 151). In seiner Passion treten die Pharisäer zurück. Da sind es nur noch die Hohenpriester und Schriftgelehrten (14,1), die Jesus töten möchten. Doch mit all ihrer Bosheit gelingt es ihnen nicht, »Jesu unbedingtes Vertrauen in den Willen Gottes zu brechen. Gottes Wille ist in Jesus stärker als die Angst, die seine Feinde bis zu ihrem Tode als Agenten des Todes in egoistischer Selbstsucht das Böse tun lässt.« (Schreiber, 151)

Ich möchte hier nicht alle Passionsszenen auslegen, sondern nur die wichtigsten Grundzüge der Leidensgeschichte nach Markus aufzeigen. Er hat als Erster die Passionsgeschichte erzählt und hat damit den Grund gelegt für die anderen Evangelisten. Für ihn ist die Passionsgeschichte der Schlüssel, der uns das Geheimnis Jesu aufschließt. Nur wenn wir das erfolgreiche Wirken Jesu in Galiläa zusammen sehen mit dem ohne Beschönigung erzählten Leidensweg Jesu, verstehen wir, wer dieser Jesus war und wer er heute für uns ist. Er ist der Lehrer, der seine Lehre mit dem Leben bezahlt. Er ist der Arzt, der die Kranken heilt unter Einsatz seines Lebens. Und er ist der Sohn Gottes, der den Kampf aufnimmt gegen die Macht der Dämonen, der die Menschen befreit von allen sie verunreinigenden Mächten. Dieser Kampf führt ihn an die dunkelste Stelle dieser Welt, an den Ort des Hasses und der Enge. Das enge Herz seiner Gegner kann das weite

Herz Jesu nicht ertragen und muss es aus der Welt schaffen. Aber Gott bestätigt das Gottesbild, das Jesus verkündet, und erweckt den, der in seinem weiten Herzen Raum hat auch für die Sünder und Kranken, in der Auferstehung zu neuem Leben.

Markus beginnt die Erzählung vom Leidensweg Jesu mit der Salbung in Betanien. Eine Frau, deren Namen nicht genannt wird, erweist Jesus den Liebesdienst der Salbung. Sie zerbricht dazu ein Alabastergefäß mit kostbarem Nardenöl und gießt das Öl über das Haupt Jesu. Das Zerbrechen des Gefäßes weist darauf hin, dass es zu keinem anderen Zweck mehr benutzt werden soll. Vielleicht ist es auch ein Bild für das Zerbrechen des Leibes Jesu im Tod am Kreuz, bei dem der Duft seiner Liebe die ganze Welt erfüllt. In den Augen der Jünger ist das Salben mit dem kostbaren Öl Verschwendung. Sie machen der Frau heftige Vorwürfe. Jesus stellt sich schützend vor sie, denn sie hat ihm mit ihrer Salbung einen Liebesdienst erwiesen. Er versteht das Tun der Frau als Salbung seines Leibes für das Begräbnis bzw. als Salbung zum Messias.

Jesus erfüllt nicht die jüdischen Messiaserwartungen. Er ist vielmehr der Messias, der durch den Tod hindurchgeht. Als Messias ist er in seiner Passion den Menschen ganz und gar verborgen. Er wird von ihnen verachtet und verspottet. Doch am Kreuz wird sein Sieg über die Mächte der Finsternis offenbar. Jesus geht seinen Weg des Leidens zwischen den unverständigen und nur um sich kreisenden Jüngern und den liebenden Frauen. Am Anfang der Passion steht die Liebe einer Frau. Und am Ende stehen wiederum drei Frauen, die nahe am Kreuz das Leiden ihres Meisters aushalten und mit Augen des Glaubens sehen, was geschieht. Jesus verheißt dieser Frau, dass man sich an ihr Tun auf der ganzen Welt erinnern wird. Er beginnt das Lob der Frau mit dem »Amen-Wort«. In der Passionsgeschichte haben diese Amen-Worte eine besondere Bedeutung. Sie gelten immer einem rätselhaften Geschehen, das die Menschen nicht verstehen, das Jesus aber in seiner wahren Bedeutung enthüllt. Er weist mit dem »Amen« immer auf den Einbruch »der himmlischen Realität in das irdische Geschehen« (Grundmann, 378) hin. Im konkreten Tun der Frau bricht etwas von der Herrlichkeit Gottes in den dunklen Passionsweg ein. Sie zeigt das Hintergründige, das im gewaltsamen Sterben Jesu verborgen ist. Die Verschwendung des kostbaren Nardenöls weist hin auf die verschwenderische Liebe Jesu am Kreuz, die die ganze Welt mit einem neuen Duft erfüllt. Während die Jünger in der Passion Jesu blind bleiben, ihn verraten und allein lassen, sind es Frauen, die ihn von Anfang bis zum Ende begleiten. Offensichtlich stehen die Frauen diesem Geheimnis der grenzenlosen Liebe Jesu näher als die Männer, die sich gegen diesen konkreten Weg Jesu wehren.

Ein Grundzug bei der Passionsdarstellung durch Markus ist das Vorherwissen Jesu. Er weiß, was mit ihm geschehen wird, er sieht es voraus, hat es vorausgesagt. Jetzt erfüllt sich Gottes Wille. Auch wenn die Gegner scheinbar mit ihm machen, was sie wollen, sie können nichts tun, was Gott nicht zulässt. Letztlich geschieht alles nach seinem Willen. Die Schrift erfüllt sich, und Jesus geht als der Messias bewusst in die Ohnmacht hinein, um sie in Macht zu verwandeln. Er gibt sich in die Hand der Gegner, um sie durch seinen Tod zu besiegen. Er schreitet in immer tiefere Dunkelheit und Bosheit hinein, um sie aufzudecken und sie durch seine Liebe zu erhellen und zu entmachten.

Manche Exegeten meinen, Markus habe einfach einzelne Überlieferungsstücke zusammengesetzt. Doch man sollte die schriftstellerische und theologische Leistung des Markus nicht zu gering einschätzen. Er verkündet das Heil, indem er Geschichten erzählt, und zu diesen Geschichten gehört eine genaue Chronologie. Nirgends gibt er so genau die Tage und Stunden an wie in der Passionsgeschichte. Auch die Zeitangaben dienen der Theologie. Zur Deutung des Erzählten zitiert Markus keine Bibelstellen, er erzählt seine Geschichte nur so, dass sie die Erfüllung biblischer Aussagen wird. Als Leitlinie dienen ihm dabei vor allem Psalm 22 und 69 und Jesaja 53. Nur zweimal gibt Markus wörtlich eine Bibelstelle wieder, beide Male legt er sie Jesus in den Mund. So erklärt er die Flucht seiner Jünger mit dem Zitat aus dem Propheten Sacharja: »Ich werde den Hirten erschlagen, dann werden sich die Schafe zerstreuen.« (14,27) Und am Kreuz betet Jesus mit den Worten aus Psalm 22: »Mein Gott, mein Gott, warum hast du mich verlassen?« Beide Worte deuten die Passion. Das erste Wort bezieht sich auf das Mitleid, das Jesus mit den Menschen hatte, als sie ihm hungernd zuhörten. Er spürte, dass sie wie Schafe ohne Hirten waren. In der Passion wird der Hirte erschlagen, die Schafe werden zerstreut. Aber durch den Tod wird Jesus zum wahren Hirten, der die zerstreuten Schafe wieder sammelt und sie auf eine fruchtbare Weide führt. Das Wort aus Psalm 22 deutet sein Sterben als ein Sterben in Verlassenheit und zugleich Vertrauen, denn wer sich in seiner Gottverlassenheit an Gott wendet, der hat sie schon überwunden. Im Tod siegt das Vertrauen über die Angst, die Gemeinschaft mit Gott über alle Verlassenheit, die nicht nur das Schicksal Jesu, sondern unser aller Geschick ist.

Nach dem Mahl beim Pharisäer Simon, bei dem ihm die Frau das Haupt gesalbt und ihm somit ihre Liebe erwiesen hat, beschreibt Markus noch ein anderes gemeinschaftliches Essen, das letzte Abendmahl Jesu mit seinen Jüngern. Für Markus ist es ein Paschamahl, bei dem Jesus gemeinsam mit seinen Jüngern der Großtaten Gottes gedenkt. Hier deutet Jesus den Ritus des Brotbrechens und des gemeinsamen Trinkens aus dem Segensbecher neu. Er identifiziert sich selbst mit dem gebrochenen Brot. In seinem Tod am Kreuz gibt sich Jesus für seine Jünger hin. Das Zerbrechen seines Leibes wird zum höchsten Akt seiner Liebe. Und an dieser Liebe dürfen die Jünger immer wieder teilhaben, wenn sie miteinander das Brot brechen. Wenn Jesus das Brot als seinen Leib deutet, dann sagt er damit: »Nehmt, das bin ich selbst. Ich gebe mich so, wie ich bin, für euch. Ich bin für euch Brot, das euch nährt. Ich werde im Tod für euch zerbrochen, damit ihr nicht zerbrecht an eurem Weg.« Den Wein deutet Jesus als sein Blut, als das Blut des Bundes, das er für viele vergießt. Viele Menschen stoßen sich heute daran, dass uns Jesus sein Blut zu trinken gibt. Doch Blut hat in der jüdischen Tradition eine personale Bedeutung. Es weist auf den sich im Tod hingebenden Menschen hin. Blut ist Bild einer Liebe, die sich hingibt. Jesus verbindet sein Blut mit dem Bund und stiftet in seinem Tod am Kreuz einen neuen. Sein Tod hat erlösende Kraft für alle Menschen. Sie sind eingeladen, am Bund Gottes teilzuhaben. Das Trinken des Bechers ist Zeichen der Bundesgemeinschaft. Durch Jesu Tod am Kreuz, den er für die Vielen stirbt, werden Menschen aus allen Ländern und Kulturen zur einen Gemeinschaft in Jesus zusammengeschlossen. Wenn die Gemeinde jeden Sonntag miteinander das Brot bricht und aus dem gleichen Kelch trinkt, dann erfährt sie den gekreuzigten und auferstandenen Herrn in ihrer Mitte, dann hat sie Teil an seiner Liebe, mit der er sich im Tod für sie hingab. Das Abendmahl erinnert sie immer wieder daran, dass sie ihre Wurzeln in der Todeshingabe Jesu hat. In ihr ist ein für allemal die Finsternis überwunden.

Die Passionsgeschichte ist für Markus auch der Gipfel des Jüngerunverständnisses. Bei der Salbung mit dem kostbaren Nardenöl kritisieren einige Jünger das Verhalten der Frau als Verschwendung. Beim letzten Abendmahl wird offenkundig, dass einer der Jünger Jesus verrät. Im Garten von Getsemani schlafen die Jünger. Jesus nimmt die drei wichtigsten Jünger mit sich, damit sie ihn in seinem Gebetsringen unterstützen. Er bittet sie darum, zu wachen, während er betet. Aber dreimal findet er sie schlafend vor (14,32–42). Sie lassen ihn allein. Trotz aller Beteuerung des Petrus, dass er bereit ist, mit Jesus zu sterben, kümmert ihn das Schicksal Jesu kaum, sonst würde er nicht einschlafen. Das Schlafen der Jünger ist für Markus Bild für die Christen, die oft genug nur um sich und ihre eigene Müdigkeit kreisen, anstatt zu wachen und zu erkennen, worum es eigentlich geht. Aber im Garten von Getsemani geht es nicht nur um das Schlafen der Jünger, in dem ihre Blindheit dem Schicksal Jesu gegenüber gipfelt, sondern auch um den angefochtenen Jesus. Er wird von Schrecken und Angst heimgesucht. Zu Beginn der Passion schildert Markus Jesus als den Wissenden. Hier wird er in seiner Niedrigkeit und Menschlichkeit beschrieben, als einer, der nicht nur den Händen der Sünder ausgeliefert wird, sondern auch der Macht des Bösen. In seiner Angst nimmt er Zuflucht bei Gott. Aber auch in seinem Beten wird er allein gelassen. Ohne Rückhalt bei seinen Jüngern muss er einsam diesen Weg der Ohnmacht gehen, um in der Ohnmacht der Liebe die Macht des Bösen zu überwinden.

Bei der Gefangennahme erfährt Jesus, wie einer seiner Jünger ihn mit dem Freundschaftskuss verrät. Markus beschreibt den Kuss des Judas als »kataphilein«, als »Abküssen«. (14,45) Judas tut besonders freundlich, doch hinter dieser Freundlichkeit steckt Absicht. Sie wird verzweckt als »Signal«, das Judas den Häschern gibt. Man kann sich die tiefe Verletzung vorstellen, die Jesus in diesem Kuss erfährt. Ein Kuss kann nicht nur Ausdruck von Liebe sein, sondern auch von Verrat. Wer je einmal von einem Freund verraten worden ist, der findet sich in Jesu Schicksal wieder, der kann gerade in seiner tiefsten Verletzung die Gemeinschaft mit Jesus, dem Verratenen, erfahren. Am Schluss der Szene der Gefangennahme fliehen alle Jünger. Da erfüllt sich das Wort der Schrift, dass Jesus von allen Freunden allein gelassen wird, dass sich die Schafe zerstreuen und der Hirt geschlagen wird. Nur ein junger Mann will Jesus nachgehen und bei ihm sein. Doch als die Häscher ihn packen, lässt er das Tuch fallen und flieht nackt. Er lässt sich die Kleider vom Leib reißen, aber er rettet sein Leben. In ihm erkennen wir ein Bild für uns. Wir wollen bei Jesus bleiben und ihm nachfolgen. Doch sobald es uns ans Leben geht, retten wir unsere nackte Haut.

Jesus wird nun vor die Hohenpriester und Ältesten des Volkes geschleppt und dort verhört. Alle Anklagen fallen immer wieder in sich zusammen, da die Zeugen sich einander widersprechen. Den dramatischen Höhepunkt dieses Verhörs bildet das Aufstehen des Hohenpriesters, der sich vor Jesus hinstellt und ihn fragt: »Willst du denn nichts sagen zu dem, was diese Leute gegen dich vorbringen?« (14,60) Jesus aber schweigt. Er ist der eigentliche Hohepriester. Er überragt den, der sich vor ihm aufbaut, an Würde. Und dann fragt der Hohepriester selber: »Bist du der Messias, der Sohn des Hochgelobten?« (14,61) Hier werden die beiden wichtigsten Titel für Jesus genannt, die Markus schon bei der Taufe und bei der Verklärung Jesu genannt hat. Jesus bekennt sich in aller Öffentlichkeit, vor den Verantwortlichen des jüdischen Volkes, zu diesen Titeln. Aber in seiner Antwort weist Jesus zugleich darauf hin, dass er »zur Rechten der Macht sitzen und mit den Wolken des Himmels kommen« (14,62) wird. Die Rollen werden vertauscht. Der Angeklagte wird zum Richter. Er wird zwar jetzt verurteilt werden, aber am Ende wird er von Gott auf den Thron seiner Herrschaft gesetzt und als Richter kommen. Dann wird er die wahren Machtverhältnisse sichtbar machen und das, was die Ankläger an Unrecht tun, wieder in Ordnung bringen. Er wird die Welt richten, d.h. er wird sie so ordnen, wie es Gottes Willen entspricht. Dass die Ankläger ihre Rolle schlecht spielen, zeigt Markus in ihrer Reaktion: »Einige spuckten ihn an, verhüllten sein Gesicht, schlugen ihn und riefen: ›Zeig, dass du ein Prophet bist!‹« (14,65)

Das Versagen der Jünger gipfelt im Verrat des Petrus, der die führende Rolle im Jüngerkreis spielt. Er verrät Jesus in einer Situation, die nach außen hin gar nicht gefährlich ist (14,66–72). Eine Magd spricht Petrus an. Ihr gegenüber reagiert Petrus unangemessen. Er verrät nicht nur Jesus, von dem er nichts wissen will, sondern auch die Galiläer. Mit ihnen will er nichts zu tun haben. Die galiläischen Freunde stehen für die christliche Gemeinde. Petrus wärmt sich am Feuer der Gegner. Das ist ein Bild für seine innere Haltung. Er möchte nicht als Jünger Jesu auffallen, sondern sich bei den Menschen beliebt machen. Während Jesus auch in der Hand der Gegner auf Gott vertraut, zeigt sich der Mangel an Vertrauen bei Petrus, indem er sich unter die Gegner mischt und sich ihnen feige anpasst. Er distanziert sich nicht nur von Jesus, sondern verflucht ihn sogar. Doch als der Hahn zum zweiten Mal kräht, bereut Petrus sein Versagen und beginnt zu weinen.

Nun muss Jesus allein seinen Weg gehen. Die Hohenpriester, die seinen Tod beschlossen haben, liefern ihn dem römischen Landpfleger Pontius Pilatus aus. Markus versucht, den grausamen Pilatus zu entlasten, indem er den Hohenpriestern die eigentliche Schuld am Tod Jesu zuschiebt. Die Römer hatten den Brauch, jeweils am Fest einen Gefangenen freizulassen. Pilatus bietet den Juden an, dies mit Jesus zu tun. Doch die Hohenpriester wiegeln die Menge auf, sodass sie die Freilassung des Mörders Barabbas verlangen. Jesus solle man kreuzigen. Barabbas heißt: Sohn des Vaters. Der Name hat tiefere Bedeutung. Er steht für uns alle, die wir ja alle Söhne eines Vaters sind. Jesus stirbt, damit wir frei werden. Sein Tod geschieht stellvertretend für uns. Eigentlich haben wir, hat Barabbas den Tod verdient. Doch Jesus nimmt stellvertretend unseren Tod auf sich, damit wir leben können.

Markus schildert die Kreuzigung selber sehr knapp. Doch er gibt die Zeit an: »Es war die dritte Stunde.« (15,25) Nach der Verspottung des am Kreuz hängenden Jesus durch die Leute, die vorübergingen, durch die Hohenpriester und Schriftgelehrten und durch die beiden mitgekreuzigten Räuber gibt Markus nochmals die Zeit an: »Als die sechste Stunde kam, brach über das ganze Land eine Finsternis herein. Sie dauerte bis zur neunten Stunde.« (15,33) Das Drei-Stunden-Schema ist sicher symbolisch zu verstehen. Es beschreibt den Höhepunkt der Zeit schlechthin. Es ist heilige Zeit, göttliche Zeit, in der unsere menschliche Zeit zu Ende kommt. Das Drei-Stunden-Schema ist aus apokalyptischen Texten bekannt, die damit anzeigen wollen, dass Gott dieser Welt ein Ende bereitet, damit seine göttliche Welt anbricht. Man könnte es auch psychologisch deuten: Die innere Katastrophe, die wir in unserer Seele oft genug wahrnehmen, wenn alle Sterne vom Himmel fallen und unsere Seelenlandschaft sich verdunkelt, wird zum Zeichen des Neuen, das Gott in unserer Seele schafft. Er lässt das Alte in uns sterben, damit das Neue und Authentische, damit das Göttliche in uns aufstehen kann. Am Kreuz zerbricht alles, was uns bisher am Leben erhalten hat. Aber das Zerbrechen der alten Lebensmuster ist die Voraussetzung, dass das Göttliche in unsere Welt einbricht und das Dämonische in uns entmachtet.

Das drückt Markus durch die beiden wunderbaren Ereignisse aus, die bei der Kreuzigung geschehen. Die Finsternis zeigt, dass hier das Gericht Gottes über diese Welt geschieht. Sie verdunkelt sich. Die Sonne geht unter, während am Kreuz die eigentliche Sonne hängt: Christus, der Sohn Gottes. Die Finsternis zeigt, wogegen Jesus sein Leben lang gekämpft hat: gegen die gottfeindliche Macht der Dämonen, die das Herz des Menschen verdunkelt. Die Dunkelheit, die während des Todeskampfes Jesu am Kreuz über die ganze Erde kommt, drückt aus, dass sein Tod eine kosmische Auswirkung hat, dass die ganze Welt davon berührt wird. Jesus ringt am Kreuz mit der Finsternis. Als er um die neunte Stunde stirbt, weicht diese endlich.

Wie sollen wir das verstehen? Der Todeskampf eines Menschen zeigt oft, womit er noch ringen muss. Jesus ringt nicht mit seinen eigenen Lebensmustern, sondern mit der dämonischen Macht, die die ganze Welt bedroht. Indem er vertrauend an Gott festhält, siegt er über die Macht der Finsternis, über die Macht des Zweifels und des Misstrauens, über die Macht der Sünde. Die Legenden drücken oft aus, dass im Tod eines Menschen der Engel des Lichtes und der Engel der Finsternis um seine Seele kämpfen. Die frühen Mönche gingen bewusst in die Wüste, an den Ort der Dämonen, um sie dort zu besiegen, wo sie ihre größte Macht entfalten. Jesus steigt bewusst auf das Kreuz, um dort, zwischen Himmel und Erde hängend, die Dämonen zu entmachten und dadurch die Menschen zu befreien. Dort, wo die größte Dunkelheit im menschlichen Herzen herrscht, dort, wo sich der Mensch am meisten verlassen fühlt, dorthin geht Jesus, um den Menschen in seiner größten Not zu heilen und ihn der Macht der Finsternis zu entreißen.

Der Sieg Jesu über die dunkle Macht der Dämonen zeigt sich in seinem Gebetsruf: »Mein Gott, mein Gott, warum hast du mich verlassen?« (15,34) Jesus hält auch in der äußersten Dunkelheit des Todes und in der Verlassenheit von allen Menschen noch an seinem Gott fest und wendet sich an ihn. Psalm 22 ist das Siegeslied des leidenden Gerechten. Jesus endet also nicht in der Verlassenheit, sondern im Vertrauen auf Gott, der alles zu einem guten Ende bringt, wie es dieser Psalm ausdrückt. Nach dem Gebetsruf und der Reaktion der Dabeistehenden schreit Jesus nochmals laut auf. Ein lauter Schrei ist für den Kreuzigungstod nicht normal, da die Gekreuzigten röchelnd sterben. Dieser Schrei ist für Markus der Siegesschrei Jesu über die Macht der Dämonen, die nun endgültig gebrochen ist. Mitten in der Ohnmacht des Todes triumphiert Jesus über die Dämonen, die den Menschen beherrschen und die Jesus während seines ganzen Wirkens bekämpft haben. Wenn sie besiegt sind, kann der Mensch wahrhaft frei werden und sich im Vertrauen auf den Gott, der alles Dunkle erhellt, aufrichten. Markus beendet das Sterben Jesu mit der Bemerkung: »Dann hauchte er den Geist aus.« (15,37) Bei den griechischen Tragikern begegnen wir dem Phänomen, dass ein Sterbender laut rufend seinen Geist aushaucht. Es bedeutet,«dass der personhafte Geist an seinen Spender zurückgegeben wird«. (Grundmann, 436) Für mich heißt es aber auch, dass Jesus seinen Geist in die Welt einhaucht. Während seines Lebens hat er in der Kraft des Geistes Wundertaten vollbracht. Jetzt, in seinem Sterben, haucht er diesen Geist in die Welt aus, damit sie von ihm durchdrungen und verwandelt wird. Wenn die Welt von seinem Geist erfüllt ist, weicht die Finsternis, dann ist die Welt nicht mehr im Machtbereich der Dämonen, sondern der Liebe Jesu. Sie erreicht uns nun in allem, was ist.

Als Jesus seinen Geist aushauchte, »riss der Vorhang im Tempel von oben bis unten entzwei«. (15,38) Die Ordnung des Tempels ist vorbei. Der Vorhang, der den Zugang zum Allerheiligsten verhinderte, ist zerrissen. Jetzt ist allen Menschen der freie Zugang zu Gott möglich. Die Frommen brauchen die Rituale des Tempels nicht mehr.

Sie brauchen die Tempelpriester nicht mehr, um Gottes heilende Nähe zu erfahren. Jetzt ist der Zugang zur Herrlichkeit Gottes, die im Tempel thront, allen Menschen, auch den Heiden, möglich. Zugleich bedeutet das Zerreißen des Tempelvorhangs Offenbarung von Gottes Majestät. Der Tempel hatte Gottes Herrlichkeit verhüllt. Am Kreuz wird der verhüllende Schleier von Gottes heiliger und heilender Gegenwart gezogen, und wir dürfen auf sein gnädiges Antlitz schauen. Da Jesus seinen Geist in die ganze Welt aushaucht, ist Gottes Liebe nun überall in der Welt erfahrbar, nicht mehr nur im Tempel. Und jeder, ob er will oder nicht, wird von dieser Liebe berührt, jeder, ob er will oder nicht, steht schon im Tempel, da durch den Tod Jesu die ganze profane Welt geheiligt worden ist. In dieser kurzen Bemerkung vom Zerreißen des Tempelvorhangs drückt sich das Paradox der markinischen Theologie aus: Ausgerechnet dort, wo die größte Gottesferne zu sein scheint, im Kreuz Jesu Christi, offenbart Gott sich vor aller Welt als der heilige und gnädige Gott. Dort, wo das Scheitern offenbar wird, feiert Jesus seinen Sieg über die Macht der Dämonen. Im Tod ist das Leben, in der Dunkelheit das Licht.

Der römische Hauptmann wird zum wichtigsten Zeugen des Glaubens, und auch seine Aussage beinhaltet wiederum ein Paradox: »Es sah aber der Hauptmann, der Jesus gegenüberstand, dass er so schreiend aushauchte.« (15,39) Man möchte meinen, dass der Hauptmann den Schrei Jesu hörte, aber er sieht ihn. Er blickt tiefer, er versteht ihn. Ihm gehen angesichts dieser Art zu sterben die Augen auf, und er erkennt das Geheimnis dieses Menschen: »Wahrhaftig, dieser Mensch war Gottes Sohn.« (15,39) Der heidnische Hauptmann bekennt stellvertretend für die ganze heidnische Welt die Gottessohnschaft Jesu. Er ist der erste Erleuchtete, der Gottes Herrlichkeit an seinem Sohn wahrzunehmen vermag. Mit diesem Bekenntnis drückt der Hauptmann die wahre Bedeutung des Todes Jesu aus: In seinem Tod am Kreuz wird allen Menschen offenbar, dass hier Gottes Sohn gestorben ist. Damit fasst Markus die Botschaft seines ganzen Evangeliums zusammen. Während seines Wirkens hat Jesus den Jüngern und auch den Geheilten immer wieder verboten, ihn als Messias zu bekennen. Jetzt, am Kreuz, wird das wahre Wesen Jesu sichtbar. Erst hier kann er als Messias und als Sohn Gottes bekannt werden. Das Kreuz hindert die Menschen daran, Jesus als Messias falsch zu verstehen, etwa als politischen Befreier oder als Revolutionär gegen die römische Besatzungsmacht. Erst im Kreuz werden wir frei von unseren falschen Gottesbildern und von unseren illusionären Selbstbildern. Erst hier geht uns das Geheimnis Jesu auf als des Sohnes Gottes, und erst hier dürfen wir bekennen, dass auch wir Söhne und Töchter Gottes sind. Das meint nicht, dass wir allen Bedrängnissen entrissen sind und in einer heilen Welt leben. Vielmehr besteht das Paradox markinischer Theologie darin, dass das göttliche Leben in uns gerade dort, wo wir zu zerbrechen scheinen, die Macht dieser Welt besiegt. Wie Jesus erweisen auch wir uns als Söhne und Töchter Gottes gerade am Kreuz, nicht dort, wo alles erfolgreich läuft, sondern dort, wo wir am Ende sind. Wer sich in der größten Verlassenheit und Verzweiflung, in der tiefsten Dunkelheit und Enttäuschung vertrauend in Gott hinein ergibt, der hat das Geheimnis Jesu verstanden und der ist wie Jesus Sohn und Tochter Gottes.

Während die Jünger Johannes des Täufers nach seinem Tod kamen, um seinen Leichnam zu bestatten, tauchen die Jünger Jesu nach dessen Tod nicht mehr auf. Ihre Abwesenheit zeigt ihr völliges Versagen. Doch Markus berichtet nun am Ende seines Evangeliums das erste Mal von einer Gruppe von Frauen. Sie schauen von Weitem zu, was mit Jesus geschieht. Das griechische Wort »theorein« bedeutet: »schauen, betrachten, meditieren, mit Aufmerksamkeit ansehen, Wissen über jemanden erhalten«. Unser Wort »Theater« kommt von diesem griechischen Wort. Die Frauen haben nicht nur äußerlich zugesehen, wie Jesus stirbt, sondern sie haben im Schauen Kenntnis von seinem wahren Wesen erhalten. Sie haben Jesus meditiert. Dabei ist ihnen das Geheimnis dieses Menschen aufgegangen. Da haben sie Gott selbst an ihm handeln gesehen, ihn selbst in ihm geschaut. Von diesen Frauen sagt Markus, dass sie Jesus schon in Galiläa nachgefolgt und ihm gedient haben. Neben den Männern waren also von Anfang an auch Frauen in der Nachfolge Jesu. Markus benutzt bei den Frauen das gleiche Wort wie bei den männlichen Jüngern. Sie sind gleichberechtigte Jüngerinnen und Nachfolgerinnen. Aus dieser größeren Gruppe von Frauen greift Markus nun drei Frauen mit Namen heraus. Sie entsprechen den drei wichtigsten Jüngern, die Jesus mit sich in den Garten Getsemani nahm. Doch diese drei Männer haben versagt. Sie sind eingeschlafen. Sie haben nicht gewagt, die Augen zu öffnen und der Wirklichkeit ins Auge zu sehen. Die Frauen dagegen sind ganz Auge. Sie bleiben wach. Sie sind nicht geflohen, sondern stehen geblieben. Sie haben Stehvermögen bewiesen.

Es ist eine eigenartige Komposition, die im Markusevangelium gerade bei der Passion Jesu sichtbar wird. Der holländische Exeget van Iersel fasst die Konzeption des Markus so zusammen: »Vor der Hinrichtung kommen im Buch ausschließlich die Männer vor, die ihm gefolgt sind, nach der Hinrichtung spielen nur noch die Frauen eine Rolle. Aber es handelt sich nicht in jeder Hinsicht um ein Spiegelbild. Die Männer werden ja immer treuloser, je näher sie an den Ort der Hinrichtung kommen, die Frauen dagegen beweisen ihre Treue gerade dort.« (Iersel, 247) Zwei dieser Frauen sind auch dabei, als Josef von Arimathäa den Leichnam Jesu bestattet. Josef, ein vornehmer Ratsherr, bereitet dem Gekreuzigten ein ehrenhaftes Begräbnis. Das ist schon ein Bild dafür, dass Jesus von Gott gerechtfertigt wird, dass er in Gottes Herrlichkeit eingeht. Der jüdische Ratsherr hat den Mut, zum unberechenbaren Pilatus zu gehen und von ihm den Leichnam zu erbitten. Dieser wundert sich, dass Jesus schon gestorben ist, und schenkt ihm den Leichnam. Beides ist Geschichte und zugleich bildhafte Erzählung. Pilatus staunt über Jesus. Er versteht ihn nicht. Doch selbst der Distanzierte kann nicht umhin, sich über diesen Jesus zu wundern. Jesus bewirkt in jedem Leser Staunen, ein religiöses Ergriffenwerden. Er lässt den Leser nicht einfach in Ruhe. Das Schenken des Leichnams ist für mich ein Bild dafür, dass uns allen durch den Tod Jesu sein Leib geschenkt wurde. Jesus aber bleibt nicht in der Gewalt seiner Gegner. Pilatus, der ihn hinrichten ließ, schenkt seinen Leib dem, der darum bittet. Josef wickelt den Toten in Leinwand ein und begräbt ihn in seinem eigenen Grab. Maria von Magdala und Maria, die Mutter des Josef, »beobachteten, wohin der Leichnam gelegt wurde«. (15,47) Auch hier steht wieder das Wort »theorein«. Sie waren nicht einfach nur Zuschauer. Sie meditierten, was da geschah. Und sie ahnten den tieferen Sinn des Geschehens. Sie sahen Jesus nicht nur sterben, sondern auch begraben werden. Indem sie das äußere Geschehen betrachten, schauen sie nach innen. Sie erkennen das Geheimnis des Geschehens. Das Begrabenwerden in einem ehrenvollen Grab ist ja ein Bild dafür, dass wir den Leib Jesu bewusst und ehrfürchtig in das eigene Innere aufnehmen, damit er in uns für immer das Dunkel vertreibt und uns von den Fesseln des Todes und der Sünde befreit.

Die Auferstehung Jesu (16,1–8)

Am Ostermorgen sind es wiederum drei Frauen, die zum Grab gehen. Es sind die gleichen Frauen, die auch am Kreuz dabei standen und Jesus sterben sahen. Sie haben am Kreuz schon das Geheimnis Jesu geschaut. Dort ist er ihnen als der wahre Messias aufgegangen. Nun kommen sie, um seinen Leichnam mit wohlriechenden Ölen zu salben. Logisch ist es nicht, am dritten Tag noch einen Leichnam zu salben. Doch hier geht es um einen tieferen Sinn. Im Sterben Jesu haben sie erkannt, dass es der Messias ist, der von Gott in seiner Herrlichkeit bestätigt worden ist. Jetzt gehen sie am frühen Morgen, »als eben die Sonne aufging« (16,2), zum Grab, um Jesus als den Christus zu salben. Die aufgehende Sonne ist symbolisch gemeint. Sie ist ein Bild für die Auferstehung Jesu, durch die die dunkle Nacht, in der sich die Menschen ohne Christus befinden, erhellt wird. Und sie steht für das neue Sehen der Frauen. Während die Jünger alle blind sind, vermögen die Frauen am Ostermorgen zu sehen. Die Sonne der Auferstehung hat sie erleuchtet. Ebenso symbolhaft ist der Stein zu verstehen. Er steht für alles, was uns am Leben hindert. Wenn der Stein weggerollt ist, dann ist die Macht des Todes gebrochen. Dann sind wir nicht mehr blockiert und gehemmt durch all das, was in uns das Leben unterdrücken und hindern möchte. Von diesem Stein heißt es, dass er sehr groß war. Manchmal ist es ein Felsbrocken, der auf uns liegt und uns abhält, aufzustehen aus dem Grab unserer Angst und Dunkelheit.

Die Frauen gehen in das Grab hinein. Sie haben Mut. Sie wollen genau nachsehen, wo der Leichnam Jesu ist oder was mit ihm geschehen ist. Da sehen sie auf der rechten Seite, auf der Glück bringenden und bewussten Seite »einen jungen Mann sitzen, der mit einem weißen Gewand bekleidet war« (16,5). Das weiße Gewand verweist darauf, dass es ein himmlisches Wesen ist, ein Bote, der von Gott kommt. Der Engel als himmlischer Bote löst bei den Frauen Erschrecken aus. Das Erschrecken ist die typische Reaktion des Menschen auf die Erscheinung des Göttlichen. Die Frauen spüren offensichtlich, dass das, was sie da sehen, mit Gott zu tun hat, dass die Auferstehung Gottes Eingreifen in das Geschick Jesu ist. Der Bote spricht die Frauen an: »Erschreckt nicht! Ihr sucht Jesus von Nazaret, den Gekreuzigten. Er ist auferstanden; er ist nicht hier. Seht, da ist die Stelle, wo man ihn hingelegt hatte.« (16,6) Das erste Wort des Engels will den Frauen die Furcht nehmen. Was Gott an Jesus getan hat, ist für sie heilbringend. Es soll sie von aller Angst befreien. Das zweite Wort informiert die Frauen über das Schicksal Jesu. Jesus wird als der Gekreuzigte beschrieben, als der, dessen Ende am Kreuz sie erst vor zwei Tagen erlebt haben. Doch der Tod war nicht das Ende. Er ist auferstanden. Er ist nicht mehr im Grab zu suchen.

Nun macht der himmlische Bote die Frauen zu Botinnen der frohen Botschaft der Auferstehung. Sie sollen den Jüngern und vor allem Petrus sagen: »Er geht euch voraus nach Galiläa; dort werdet ihr ihn sehen, wie er es euch gesagt hat.« (16,7) Jesus ist nicht nur der, der vom Hauptmann am Kreuz als Sohn Gottes erkannt worden ist. Er ist der, der den Jüngern vorausgeht, nicht nur den Jüngern damals, sondern allen Lesern des Evangeliums und allen künftigen Christen. Als Christen erinnern wir uns nicht nur an den Jesus, der vor zweitausend Jahren gelebt hat. Er lebt heute und geht uns auf all unseren Wegen voran. Es genügt nicht, Jesus nur als den Messias zu erkennen. Das haben auch die Dämonen getan. Christ ist der, der Jesus auf seinem Weg nachfolgt und der ihn sieht. Das Sehen ist ein inneres Erkennen. Die Jünger waren in der Passion blind. Nur der blinde Bartimäus ist als Sehender Jesus auf seinem Weg gefolgt. Und die Frauen wagten es, mit offenen Augen den Tod und das Begräbnis Jesu zu schauen. Nach der Auferstehung sollen alle Jünger Jesus sehen, wie er in Wirklichkeit ist. Und sie sollen in Jesus den sehen, der ihnen vorangeht und ihnen den Weg weist.

Jesus geht den Jüngern voraus nach Galiläa. Was ist mit Galiläa gemeint? Zunächst ist es sowohl für die Frauen als auch für die Männer um Jesus ihre Heimat. Auch der Leser wird mit dem Wort des Engels an den Ort verwiesen, an dem er zu Hause ist, an dem er lebt und arbeitet. Galiläa ist zugleich der Ort, an dem Jesus sein Wirken entfaltet hat. Ihn dort sehen heißt dann, ihn »in seiner Identität als Irdischer, Gekreuzigter und Auferstandener« (Gnilka 2,343) zu erkennen. Von Jerusalem weg nach Galiläa gehen heißt auch »zu den Heiden gehen« (ebd.). Wenn wir die Aufforderung des Engels, nach Galiläa zu gehen, in unser heutiges Leben übertragen, heißt es für mich: Dort, wo ich wohne und arbeite, wo ich unter den Heiden lebe, wo ich das Heidnische in mir selbst erkenne, dort kann ich Jesus sehen als den, der sein Vertrauen in den himmlischen Vater bis zuletzt durchgehalten hat und der in seinem Vertrauen durch Gott in der Auferstehung bestätigt worden ist. Der Messias, den Markus in seinem Evangelium beschreibt, darf während des irdischen Wirkens Jesu nicht verkündet werden. Nach seiner Auferstehung wird das Messiasgeheimnis offenbar. Das gilt auch für uns. Wir können Jesus in unserem Leben nur dann als Messias, als den wahren Befreier sehen und an ihn glauben, wenn wir ihn auch als den Gekreuzigten und Auferstandenen verstehen. Dort, wo wir gekreuzigt werden, wo wir immer wieder durchkreuzt werden von einem unverständlichen Schicksal oder von Menschen, die uns bekämpfen, dort heißt Sehen des Auferstandenen: daran zu glauben, dass auch wir von Gott in unserem Vertrauen bestätigt werden. Das Durchkreuztwerden, das Scheitern, das Zerbrechen, das Sterben ist nicht das Letzte. In unserem irdischen Wirken ist Jesus als der Auferstandene unter uns. Er zeigt uns, dass uns nichts widerfahren kann, was uns aus dem Vertrauen in Gottes heilende Nähe reißen kann. Selbst der Tod kann uns nicht aus Gottes liebenden Armen stoßen. Wir werden vielmehr in den vielen kleinen Toden während unserer Pilgerschaft und schließlich in unserem endgültigen Sterben in Gottes gütige Hände fallen und von Gott bestätigt werden als geliebte Söhne und Töchter Gottes.

Die Frauen kehren nun nicht voller Freude zu den Jüngern zurück, um ihnen die Auferstehung Jesu zu verkünden. Vielmehr beschließt Markus sein Evangelium mit einem Satz, der seit jeher die Exegeten in Ratlosigkeit gestürzt hat: »Da verließen sie das Grab und flohen; denn Schrecken und Entsetzen hatte sie gepackt. Und sie sagten niemand etwas davon, denn sie fürchteten sich.« (16,8) Manche Exegeten meinen, das könne nicht der ursprüngliche Schluss des Markusevangeliums gewesen sein. Alle Exegeten sind sich einig, dass die Verse 16,9–20 ein späterer Zusatz sind. Sie fehlen auch in den alten Handschriften. Aber wie hat das Markusevangelium wirklich geendet? Mir scheint am plausibelsten, den Schluss so zu belassen, wie er dasteht, und nach seinem Sinn zu fragen. Markus beschließt sein Evangelium nicht mit einem »happy end«. Es ist vielmehr ein offener Schluss. Aber gerade diese Offenheit verweist den Leser, das Evangelium immer wieder zu lesen und sich beim Lesen und Hören die Augen öffnen zu lassen für das Geheimnis des Jesus von Nazaret. Die Botschaft des Engels ist letztlich nicht für die Jünger und für Petrus bestimmt, sondern für den Leser. Er ist gefragt, ob er der frohen Botschaft des himmlischen Boten glaubt. Das offene Ende des Evangeliums hindert die Leser daran, das Buch beruhigt zuzuklappen und zu den Tagesgeschäften überzugehen, »da sie gehört haben, dass es für sie keinen anderen Weg gibt als den in der Nachfolge Jesu, was für Konsequenzen das auch immer haben mag« (Iersel, 253). Die Jünger im Evangelium sind auf ihrem Weg mit Jesus nicht sehend geworden. Wer jedoch das Evangelium richtig liest, der wird von seiner Blindheit geheilt. Er ist sehend geworden und erkennt im Weg und in den Worten Jesu »ein Handlungsmodell für seinen eigenen Lebensweg« (Iersel, 254).

Van Iersel plädiert dafür, den Markusschluss so zu belassen, wie er ist, denn er hindert uns daran, das Buch beruhigt aus der Hand zu legen und wieder in unseren Alltag zurückzukehren. Der Schluss möchte den Leser genauso irritieren und aufwühlen wie die Frauen. »Die Geschichte lässt ihn nicht mehr in Ruhe; denn dazu hat sich das Bild des gewaltsam zu Tode gebrachten Jesus, der durch Gott vom Tode auferweckt wurde und der weiterhin dem auf dem Wege vorangeht, der ihm nachfolgen will, zu tief in seinem Innersten festgesetzt.« (ebd., 261) Noch ein anderer Grund spricht für diesen Markusschluss: Wer das Markusevangelium in seinem Ganzen sieht, erkennt seine kunstvolle Komposition, die gekennzeichnet ist von vielen parallelen Erzählmustern. Gerade der Anfang und das Ende des Evangeliums weisen viele solcher Entsprechungen auf. So beginnt das Evangelium in der Wüste und endet am Grab. Beides sind Orte des Todes, an denen neues Leben entspringt. Markus beginnt sein Evangelium mit »Anfang der Frohen Botschaft«. Und er beendet es mit der Botschaft des himmlischen Boten von der Auferstehung Jesu. Zu Beginn des Evangeliums ist Johannes der Täufer der Bote, den Gott vor Jesus hersendet, um ihm den Weg zu bereiten. Johannes trägt ein härenes Bußgewand. Am Ende tritt der himmlische Bote in einem leuchtenden, fröhlichen, weißen Gewand auf. Sein Gewand verweist auf die neue Zeit, die er ankündigt. Jetzt ist es Jesus selbst, der den Jüngern den Weg bereitet. Er geht ihnen den Weg voran nach Galiläa. Überall dort, wo wir leben, hat Jesus uns den Weg bereitet, damit wir nun sicheren Schrittes ihm nachfolgen und auf dem Weg seiner Nachfolge Gott erfahren als den, der uns bedingungslos liebt. Als Jesus bei seiner Taufe am Jordan aus dem Wasser stieg, sah er den Himmel offen und hörte die Stimme aus dem Himmel: »Du bist mein geliebter Sohn, an dir habe ich Gefallen gefunden.« (1,11) Jetzt, am Ende des Evangeliums, da Jesus aus dem Grab steigt, offenbart er allen Menschen, die im Glauben sehend geworden sind, dass er der geliebte Sohn Gottes ist. Und der Auferstandene, der uns vorausgeht nach Galiläa, zeigt uns, dass auch wir, wenn wir glauben, aus dem Tod zum Leben auferstehen und als geliebte Söhne und Töchter unseren Weg gehen dürfen, nicht mehr in Buße und Umkehr, sondern in der Freude des neuen Lebens.

Fazit

Welche Botschaft hat das Markusevangelium für uns heute? Ist uns das Sprechen von den Dämonen und der Macht der Finsternis nicht fremd? Bleibt das Markusevangelium in seiner Theologie nicht weit zurück gegenüber der Übersetzung in jüdisches Umfeld bei Matthäus und in griechische Philosophie bei Lukas? Wie gehen wir um mit dem Sperrigen und mit den nicht aufzulösenden Rätseln, etwa, dass die Jünger bis zuletzt unverständig bleiben, und dass die Frauen die Auferstehungsbotschaft nicht weitererzählen?

Ich kann nur einige persönliche Einsichten und Eindrücke berichten, die mir bei der Beschäftigung mit dem Markusevangelium aufgegangen sind. Was mich an diesem Text fasziniert, das ist Jesus als der Heiler. Aber er ist kein »Softy-Heiler«, sondern einer, der in der Kraft des Geistes mit der Macht der Krankheit ringt, der die Menschen befreit von allen Mächten und Kräften, die sie am Leben hindern. In der Begleitungsarbeit empfinde ich oft eine große Nähe zu diesem Jesus des Markusevangeliums. Denn da erlebe ich häufig, dass Begleiten ein Ringen und Kämpfen ist, nicht ein Kämpfen mit dem Menschen, der mir gegenüber sitzt, sondern mit seinen Lebensmustern, die ihn im Griff haben, mit seinen falschen Selbstbildern und krankmachenden Gottesbildern, mit den inneren Zwängen, mit seinen Fixierungen und Erstarrungen. Da wünsche ich mir manchmal etwas von der eindeutigen und klaren Kraft Jesu, von seiner Fähigkeit, beim Kranken sofort das eigentliche Problem zu erkennen und mit seiner Reaktion genau am richtigen Punkt anzusetzen, sodass der Heilungsprozess rasch in Gang kommt. Ich sehne mich danach, wie Jesus den, der sich in seiner Krankheit vergräbt, zu konfrontieren und ihn zu desillusionieren. Denn oft genug sind die Illusionen, die wir uns von uns selbst machen, an unserer Krankheit mit beteiligt. Jesus öffnet den Kranken die Augen, damit sie ihre Illusionen lassen und sich der Wahrheit stellen.

Was mich am Jesus des Markusevangeliums so anspricht, ist die starke Ausstrahlung, die dieser Mann aus Nazaret hat. Wo er auftaucht, da kommt man an ihm nicht vorbei, muss man sich ihm stellen. Dieser Jesus ist reine und klare Präsenz. Er ist einfach da. Es geht von ihm eine Kraft aus, die man nicht umgehen kann. Wenn er einen Menschen anspricht, dann trifft er immer genau den richtigen Ton. Er stellt ihn in die Wahrheit. Jesus steht in seiner Mitte, und aus dieser Mitte heraus verhält er sich so, dass der Kranke zu seinem wahren Wesen findet, dass er heil wird und ganz. Den einen Kranken konfrontiert Jesus mit seiner Wahrheit. Er nimmt ihm die Illusion, dass die anderen an seiner Krankheit schuld seien. Er fordert ihn heraus, das Seine zur Gesundung zu tun. Den anderen behandelt er liebevoll, ihm hält er schützend seine Hände über die Augen, damit in ihm das Vertrauen wachsen kann, die Augen zu öffnen und die Welt zu sehen, wie sie ist. Von diesem Jesus geht eine Kraft aus, die die Kranken aufrichtet, und ein Raum des Vertrauens, in dem sich die Menschen bedingungslos angenommen fühlen und wieder Zutrauen finden zu ihrer unantastbaren Würde.

Ein dritter Aspekt hat mich bei der Beschäftigung mit Markus bewegt. Es ist das Sperrige, nicht Auflösbare, nicht Harmonisierbare. Markus deutet nur an. Nach außen hin endet das Evangelium in der Katastrophe, die selbst durch die Auffindung des leeren Grabes und die Botschaft des Auferstehungsengels nicht aufgelöst zu werden scheint. Markus lässt die Angst der Frauen und ihre Weigerung, den Befehl des Engels auszuführen, einfach so stehen. Er gibt keine glatte Lösung. Es braucht ein hintergründiges Sehen, um in der Darstellung des Markus das Geheimnis zu erkennen, das diesen Jesus umgibt. Er ist immer der Messias, dort, wo er die Kranken heilt und gegen die Dämonen kämpft, und dort, wo er ohnmächtig in die Hände seiner Gegner fällt, die mit ihm machen, was sie wollen. Alles, was Markus schreibt, hat auch eine tiefere Bedeutung. Aber es braucht die Augen des Glaubens, um diesen Jesus zu verstehen und ihm nachzufolgen. Daher gehören die beiden Blindenheilungen wohl zu den zentralen Stellen des Evangeliums. In ihnen können wir uns selbst erkennen. Jesus hat es schwer, unsere Augen zu öffnen. Das erste Mal schafft er es nicht. Da sehen wir die Menschen nur als Bäume. Vielleicht ist das auch ein Bild dafür, dass wir beim ersten Lesen des Markusevangeliums Vieles noch nicht sehen. Wir erkennen nur sehr undeutlich das Geheimnis dieses Jesus von Nazaret. Wir müssen es immer wieder lesen, damit uns die Gestalt Jesu aufgeht und durch ihn der Gott, auf den Jesus seine Hoffnung gesetzt hat.

Bei der zweiten Blindenheilung fragt Jesus den Bartimäus, was er will, dass Jesus ihm tun soll. Wir können das Markusevangelium nicht als unbeteiligte Zuschauer lesen. Wir müssen diesem Jesus sagen, was wir wollen, was er an uns tun soll, was uns am Leben hindert, welche dämonische Macht uns gefangen hält. Nur dann wird die Begegnung mit dem Jesus des Markusevangeliums unsere Augen öffnen, und wir werden verstehen, wie er unser ganzes Leben zu heilen und zu verwandeln vermag.

Ein anderer zentraler Punkt, der mir bei der Beschäftigung mit Markus aufgegangen ist, ist seine Kreuzestheologie. Gottes Herrlichkeit offenbart sich gerade in der Verhülltheit des Kreuzes. Seine Macht siegt in der Ohnmacht. Die Finsternis wird dort überwunden, wo sie ihre größte Macht entfaltet, im Tod Jesu, da sich die ganze Welt verdunkelt. Das Vertrauen in Gott setzt sich gerade in der Erfahrung tiefster Verlassenheit und größter Angst durch. Es ist keine harmonische Theologie, die Markus uns zumutet, sondern eine, die uns nicht in Ruhe lässt. Aber gerade so eine sperrige Theologie braucht unsere Zeit. Es gibt heute zu viele Theologen, die auf alles eine Antwort wissen. Doch ihre Antwort erreicht nur den Kopf, und nicht das Herz. Angesichts des 11. September oder des Amoklaufs von Erfurt bleiben uns theologische Erklärungen im Hals stecken. Da greife ich gern zum Markusevangelium. Es schildert die Passion Jesu ohne die Tendenz, sie zu verherrlichen. Es beschreibt die Ohnmacht, die Angst, die Verzweiflung, das Nichtwissen, das Verlassenwerden, das Verratenwerden. Nur wer genau hinsieht, erkennt hinter all dem unbegreiflichen Geschehen den Gott, der selbst das Tote zum Leben weckt, der die Finsternis aufhellt und die Dämonen der Gewalt und des Hasses gerade dort besiegt, wo sie am mächtigsten zu sein scheinen.

Es gibt heute die Tendenz, alles positiv zu sehen und das Negative zu vernachlässigen. Doch das führt uns nur in eine Sackgasse. Zu meinen, wir könnten alles durch unser positives Denken so gestalten, dass es uns gut tut, ist ein Irrweg. Markus zeigt uns einen anderen Weg. Er beschreibt beides: den Jesus, der Kranke heilt, der Erfolg hat, der voller Kraft sich den Gegnern entgegenstemmt und das tut, was er von Gott her spürt. Da geht eine unwahrscheinliche Kraft von Jesus aus, die mich fasziniert. Aber dieser Jesus kann sich nicht wehren gegen den Verrat des Judas oder des Petrus. Er kann sich nicht verteidigen gegen die Ankläger vor den Hohenpriestern und vor Pilatus. Er kann nicht verhindern, dass er den schmählichsten Tod stirbt, den die Antike kennt, den Kreuzestod. Nur in dieser Spannung von Erfolg und Misserfolg, von

Macht und Ohnmacht, von Vertrauen und Verzweiflung, von Freude und Trauer, von Tod und Auferstehung wird unser Leben richtig beschrieben.

Das Jesusbild, das uns Markus zeichnet, trägt auch diese spannungsvollen Züge. Es ist kein lieber und netter Jesus, sondern einer, der voller Kraft ist, der aber auch zornig sein kann. Es ist der Jesus, der von seiner Familie nicht anerkannt wird, sondern der von den eigenen Angehörigen, eingeschlossen seiner Mutter, für verrückt erklärt wird. Es ist nicht nur der Jesus, der Kranke heilt, sondern auch der, der den unfruchtbaren Feigenbaum verflucht. Es ist der Jesus, der im Boot auf einem Kissen liegt und schläft, während die Jünger unterzugehen drohen. Markus hindert mich daran, mir ein klares Bild von Jesus zu machen. Nur wenn ich die Spannung aushalte, die ich bei Markus finde, wird mir das Geheimnis Jesu aufgehen. Er lässt sich nicht vereinnahmen. Er ist und bleibt der Unbekannte, der Faszinierende und der, den ich nicht verstehe, der, der mich begeistert, und der, der mich ärgert. Im Markusevangelium komme ich dem historischen Jesus am nächsten. Aber je näher ich dem geschichtlichen Jesus komme, desto kantiger wird er. Da erahne ich, wie dieser Jesus immer wieder fliehen musste vor den Häschern des Herodes, wie er in der hochexplosiven politischen Situation ständig damit rechnen musste, gefangen genommen und getötet zu werden. Ich begegne dem Jesus, der seinen Weg sucht zwischen den Pharisäern und Essenern, zwischen den verschiedenen Schulen innerhalb der Pharisäer, zwischen Zeloten und Sadduzäern, zwischen Juden und Römern. Ich begegne dem Jesus, der aufgerieben wird zwischen den verschiedenen Interessen derer, die damals etwas zu sagen hatten, der nach außen hin scheitert. Aber in diesem Jesus, den ich mir letztlich nicht erklären kann, begegnet mir Gott. In diesem Jesus am Kreuz darf ich den sehen, der die Angst und die Ohnmacht, die Dunkelheit und Zerrissenheit, das Dämonische und Böse überwunden hat und nun zur Rechten Gottes thront.

Wenn ich zusammenfassend ausdrücken soll, worin für mich die tiefste Botschaft des Markusevangeliums liegt, so würde ich sagen: Vertrauen gegen alle Angst, Hoffnung gegen alle Verzweiflung, Licht gegen alle Dunkelheit, Liebe gegen allen Hass. Dieser Jesus überfordert mich nicht, indem er mir ein System von Geboten auferlegt. Er langweilt mich auch nicht, weil er sich in keine noch so fromme Ideologie einordnen lässt. Er fordert mich in seiner Sperrigkeit, in seinem Anderssein immer wieder heraus, meinen Weg zu gehen und keine Angst zu haben vor den Konflikten, die mich auf diesem Weg erwarten, und vor dem Scheitern, das auch mein Selbstbild zerbrechen könnte. Dieser so ganz und gar nicht harmonische Jesus, der am Kreuz endet, schenkt mir ein abgrundtiefes Vertrauen, dass mein Weg in Gottes Herrlichkeit und Gottes Liebe endet, ganz gleich wie die Menschen mich und meinen Weg beurteilen und bewerten.

So wünsche ich auch dem Leser und der Leserin, dass er oder sie beim Lesen des Markusevangeliums in das Vertrauen hineinwachsen, aus dem Jesus gelebt und in dem er gestorben und auferstanden ist.

Literatur

Eugen Drewermann, Das Markusevangelium. Bilder von Erlösung, 5. Aufl., Düsseldorf 1994

Heribert Fischedick, Der Weg des Helden, München 1992

Joachim Gnilka, Das Evangelium nach Markus. Band 1 und 2, Zürich 1978 f.

Anselm Grün/Maria-M. Robben, Finde deine Lebensspur. Die Wunden der Kindheit heilen – Spirituelle Impulse, Freiburg 2001

Walter Grundmann, Das Evangelium nach Markus, Berlin 1977

Bas van Iersel, Markuskommentar, Düsseldorf 1993

Karl Kertelge, Markusevangelium, Würzburg 1994

Rudolf Pesch, Das Markusevangelium. 1. und 2. Teil, Freiburg 1976 und 1977

Johannes Schreiber, Theologie des Vertrauens. Eine redaktionsgeschichtliche Untersuchung des Markusevangeliums, Hamburg 1967

Johannes Schreiber, Theologische Erkenntnis und unterrichtlicher Vollzug, Hamburg 1968

Eduard Schweizer, Das Evangelium nach Markus, Göttingen 1965

Bibliografische Information Der Deutschen Bibliothek
Die Deutsche Bibliothek verzeichnet diese Publikation in der Deutschen Nationalbibliografie; detaillierte bibliografische Daten sind im Internet über http://dnb.ddb.de abrufbar.

1 2 3 4 5 07 06 05 04 03

Ein Unternehmen der Verlagsgruppe Dornier
Postfach 80 06 69, 70506 Stuttgart, Tel: 0711/788030
Sie erreichen uns rund um die Uhr unter www.kreuzverlag.de
Umschlagbild: Codex Millenarius, Markus (Ausschnitt)
Umschlaggestaltung: Atelier Reichert, Stuttgart
Satz: de·te·pe, Aalen
Druck und Bindung: GGP Media, Pößneck

Die Schreibweise entspricht den Regeln der neuen Rechtschreibung.

ISBN 3 7831 2219 8